Conservar la educación

Bianca Thoilliez

Conservar la educación

Prólogo de Diego Garrocho

Colección Nuevo Ensayo, nº 174

Fotocomposición: Encuentro-Madrid
Impresión: Tecnología Gráfica-Madrid
ISBN: 978-84-1339-246-2
Depósito Legal: M-16216-2025
Printed in Spain

Para cualquier información sobre las obras publicadas o en programa
y para propuestas de nuevas publicaciones, dirigirse a:

Redacción de Ediciones Encuentro
Conde de Aranda 20, bajo B - 28001 Madrid - Tel. 915322607
www.edicionesencuentro.com - info@edicionesencuentro.com

ÍNDICE

PRÓLOGO
ESPERANZA EDUCATIVA

Una crisis educativa es, siempre, una crisis de época. Pocas cosas revelan con mayor claridad el inconsciente de una sociedad que la manera en la que forma, instruye y educa a sus ciudadanos. Ya desde su etimología, la educación implica un tránsito de profundo calado ontológico. La expresión no es azarosa ni exagerada: educar es establecer una pauta de transición entre lo que alguien es y lo que debería ser. Educar es llevar a alguien de un lugar a otro. Es operar una transformación que parte siempre de una intuición moral: la creencia de que merece la pena transformar a alguien para hacerlo no sólo distinto, sino mejor de lo que ya es. Pero no olvidemos que es imposible siquiera inteligir qué significa «mejor» si no manejamos una mínima intuición acerca de la idea de bien. Por eso, la pregunta por la educación es, en última instancia, una cuestión superlativamente moral, política y filosófica.

El educativo es un debate en el que todos nos sentimos convocados por un hecho simple: todos hemos sido educados y, formal o informalmente, todos hemos participado en la educación de otros. Esta experiencia universal se convierte en una tentación cada vez que intentamos resolver los problemas educativos de una vez por todas. El juicio apresurado, la conversión de la anécdota autobiográfica en categoría normativa o los sesgos ideológicos hacen que, con frecuencia, asumamos posturas imprecisas y pobremente fundadas. Es sabido que cada español lleva dentro un seleccionador de fútbol. Lo que no siempre reconocemos es que también llevamos dentro, sin saberlo, a un ministro de Educación. En ambos casos, lo más probable es que no tengamos mucha idea de qué estamos hablando cuando proponemos soluciones simples o abruptas.

Los debates educativos son profundamente radicales, pues no se limitan a cuestiones instrumentales: afectan a la naturaleza misma de lo que supone enseñar. Preguntas como quién enseña, cómo se enseña, para qué se enseña o qué debe ser enseñado están cargadas de implícitos que es preciso desvelar si aspiramos a una conversación transparente sobre el hecho educativo. La educación, como el Dios de Aristóteles, tiende a pensarse a sí misma. Y este libro es una prueba admirable de cómo es posible reflexionar teórica y filosóficamente sobre ella.

Desde hace décadas, quienes enseñamos profesionalmente —aunque sea en la universidad— hemos sido testigos de cómo a la educación se le ha usurpado su campo semántico. La gran tradición que reflexionó sobre la enseñanza, desde Platón, ha sufrido una violencia conceptual: vocabularios ajenos han exiliado categorías que seguían siendo válidas. Los debates pedagógicos actuales están atravesados por términos extraños, desde lo gerencial hasta lo psicológico, sin excluir un emotivismo que frisa lo absurdo. Este desplazamiento no sólo afecta al lenguaje: altera las categorías con las que pensamos la realidad educativa.

Todos asistimos al extravagante rumbo que las buenas intenciones —y cierta ignorancia militante— han impuesto a la pedagogía. El lenguaje competencial, el fetichismo de la innovación o la simplificación de dilemas morales han colisionado con intuiciones elementales de la enseñanza clásica. La impugnación de la memoria o la relativización de los contenidos resultan cada vez menos defendibles en círculos cultivados. La jerigonza *pedagogista* ha dañado no sólo la calidad educativa, sino también nuestro tejido civil y político. Ahora bien, el exceso contrario —el apego ciego a la tradición— tampoco parece un camino transitable. Nuestra cultura democrática ha alcanzado conquistas que no sólo merecen celebración, sino una defensa activa.

Este libro de Bianca Thoilliez hereda del pragmatismo la impugnación de los falsos dilemas. Desde Platón a Hegel, pasando por las antinomias de Kant, la contradicción ha sido una premisa para elaborar síntesis. La forma en que Thoilliez diagnostica los problemas y, sobre todo, su libertad intelectual para sintetizar paradigmas, ideas y conquistas de corrientes diversas demuestra que el debate educativo conserva vías tan inexploradas como imprescindibles.

Tal vez sea deformación profesional, pero en estas páginas no es difícil reconocer voces clave de nuestra tradición filosófica. A veces explícitas y críticas; otras, entreveladas o discretamente aludidas. Este ensayo asume una misión restaurativa, incluso terapéutica, al servirse de categorías clásicas de nuestra tradición cultural —y, si se me permite, civilizatoria—. La mención al amor como energía transformadora o la denuncia de la proscripción del pasado dan cuenta de la originalidad de un texto en el que la autora toma posición sobre lo que Ortega llamaría el «tema de nuestro tiempo». Pero la educación no es solo el tema de nuestro tiempo: es el lugar donde confluyen los anhelos, intuiciones y aspiraciones de una sociedad. También, por supuesto, sus complejos, prejuicios y modas. Es, si se prefiere, un tema central en todo tiempo y en toda circunstancia.

Más allá de su potencia intelectual, este libro es un ensayo bellamente escrito. Ese compromiso con la forma recuerda —vía Platón o san Agustín— la secreta y eficaz alianza entre alguna forma de bien, la verdad y la belleza. Algunos piensan que hay motivos para desconfiar de estas categorías, pero tampoco podemos desecharlas con la ligereza que desearían. Este libro lo prueba. En su escritura, más allá de la solvencia científica, se expresa una fibra moral y estética que comparten quienes han pensado la educación con responsabilidad. Hay diagnósticos de coyuntura, sí, pero también se conservan categorías que mantienen su vigencia porque, hasta ahora, no hemos encontrado alternativas mejores. Respetar la tradición es distinguir lo que merece ser conservado de lo que puede ser mejorado. Por eso Thoilliez habla de la necesidad de tensionar el canon, sin romperlo.

Sospecho que este libro —como cualquier otro— no puede desligarse de la circunstancia desde la que se escribe. Es evidente que nos encontramos al final de algo, aunque no sepamos aún qué forma tendrá el tiempo nuevo. Si la posmodernidad anunció el colapso de los viejos paradigmas, hoy incluso la teoría crítica parece haber caído en obsolescencia. Tan pocas cosas quedan en pie que podríamos dudar incluso del propio derrumbe.

La pérdida de sentido, como recordaba Camus, es también una oportunidad. Porque la carencia puede ser, como tantas ausencias, el punto de partida de un deseo transformador. Devolver a la educación su sentido nos brinda una ocasión que se mueve entre la construcción y el descubrimiento. Por eso uno de los hallazgos más inspirados de este texto es entender el currículum como «una manifestación institucionalizada de la esperanza». A lo mejor eso es, precisamente, la educación: una forma de esperanza. Y la esperanza, en castellano —como recordó Gide y retomó Laín Entralgo—, guarda íntima relación con la espera. Una espera que mira hacia el futuro pero que encuentra sus razones en lo que ya ha acontecido.

Tener esperanza es también saber esperar. Pero no se trata de una espera pasiva: es una espera activa, en la que el tiempo por venir no se aguarda de brazos cruzados, sino que se construye mediante una acción que nos hace dueños de nuestro destino. No sabemos qué será de nosotros en el futuro. Pero lo que lleguemos a ser dependerá, en gran medida, de lo que hagamos de nosotros mismos.

Diego Garrocho

CONSERVAR LA EDUCACIÓN

INTRODUCCIÓN
LO QUE PUEDE CONSERVARSE

Una de las responsabilidades, y quizá uno de los mejores servicios, de quienes nos dedicamos a cultivar una mirada filosófica sobre la educación consiste en estar atentos a las claves culturales que las enmarcan y atraviesan. A mi juicio, la filosofía de la educación debe ocuparse de lo real, y no aspirar a olvidar la experiencia y la cultura humanas, sino que tendría que ocuparse en explorarlas a través de distintas vías, siendo especialmente indicada la exploración conceptual.

En las últimas décadas, hemos asistido a una progresiva pérdida de vocabulario educativo sustantivo. Conceptos como enseñanza, transmisión, autoridad o contenidos han sido desplazados por términos como facilitación, motivación, acompañamiento o competencia. Este desplazamiento no ha sido inocente: ha desarticulado el campo pedagógico como un lugar propio de reflexión, transfiriendo su legitimidad a la economía, la neurociencia aplicada o la gestión estratégica. Pensar desde la pedagogía se ha vuelto, para muchos, incómodo o innecesario.

Escribo, además, desde una preocupación creciente ante ciertos debates que, lejos de esclarecer los problemas educativos, tienden a sustituirlos o difuminarlos. Muchos comparten esta sensación: que el lenguaje pedagógico ha sido desplazado por lógicas técnicas, psicológicas o económicas, y que urge volver a poner el foco en lo que realmente ocurre cuando alguien enseña y alguien aprende. Lo que se suele identificar con «pedagogismo» es, en realidad, pseudopedagogía: un discurso desvinculado de la realidad educativa, sostenido en modas metodológicas que, como en el caso de la LOMLOE, terminan dificultando la tarea docente en lugar de facilitarla, organizarla, orientarla. Muchos profesores no saben cómo aplicar la ley, atrapados en plantillas de Excel y formularios burocráticos, acompañados de formaciones que no siempre responden a necesidades reales. En demasiadas ocasiones, se trata de una pedagogía mal leída, una aplicación superficial de investigaciones valiosas, muchas veces importadas sin mediación crítica desde otros contextos. Frente a este vaciamiento del pensamiento educativo, necesitamos una pedagogía que recupere su espesor intelectual y ético, sin caer en nostalgias ni tecnocracias.

De ahí la necesidad, compartida por muchos, de trabajar por una suerte de «restauración pedagógica». Una restauración que no pretende volver nostálgicamente al pasado, sino reapropiarse de tradiciones que contienen formas de saber, de relación, de experiencia y de palabra que siguen siendo fecundas para pensar la educación. Mi interés por las tensiones entre pasado y futuro, que entiendo en línea con Hannah Arendt como constitutivas de la experiencia educativa, no es nuevo. A lo largo de los años he abordado este problema desde distintos lenguajes, prácticas y registros: desde la crítica a los discursos de la «nueva gobernanza educativa», pasando por el análisis de la profesionalidad docente y la legitimidad del saber escolar, hasta la indagación en formas de experiencia pedagógica olvidadas o marginales.

Este libro es una tentativa de reunir, revisar y articular ese recorrido, asumiendo las tensiones, contradicciones y afinidades que lo atraviesan. Buena parte de las ideas que aquí se desarrollan han ido madurando a lo largo de los últimos años en otros textos que escribí desde lugares distintos, pero con preocupaciones comunes. Algunos nacieron de conversaciones con docentes, otros de conferencias que luego tomaron forma escrita, y otros más surgieron como intentos de pensar con más calma preguntas que no terminaban de cerrarse[1]. Este libro recoge muchas de esas intuiciones, las entrelaza y las somete a nuevas preguntas, con la intención de abrir nuevos espacios para seguir pensando.

Recientemente, Jaume Trilla ha retomado el debate sobre el llamado «pedagogismo», inicialmente conceptualizado por Fernando Gil allá por el 2018[2], en una serie de artículos aparecidos en *El Diario de la Educación*, donde propone una distinción entre la caricatura del *pedagogista* y el pensamiento pedagógico serio[3]. Aun desde posiciones y lenguajes distintos, me reconozco en parte de su diagnóstico y me intereso también, como él, por contribuir a un debate pedagógico más razonado y menos polarizado. Comparto su inquietud por la deriva antipedagógica que se limita al insulto o a la descalificación, y a la vez creo que buena parte de la crítica reciente desde el profesorado de secundaria merece una escucha atenta: expresa un malestar con raíces profundas, una toma de palabra que es también un fenómeno de democratización del debate educativo. Tienen mucha razón en mucho de lo que escriben y denuncian[4]. Este libro, sin pretensión de neutralidad, busca tomar en serio ambas cosas: el daño que hacen ciertos discursos metodológicos desvinculados de la realidad escolar, y el valor de sostener una conversación pedagógica exigente, comprometida y abierta. En ese sentido, puede leerse también como una modesta contribución a ese espacio intermedio, en la que entiendo la crítica a los excesos y errores del «pedagogismo» como una oportunidad para reivindicar una pedagogía más situada y atenta, y, por lo tanto, más modesta.

Una referencia fundamental en mi formación intelectual fue, precisamente una conferencia de Jaume Trilla, en marzo de 2004, durante el centenario de la primera cátedra de Pedagogía Superior en España. Yo cursaba mi primer año de carrera y aquel fue mi primer congreso. Comprendí poco, pero algo quedó resonando: su definición del quehacer pedagógico como un atreverse. «Hay que 'atreverse' a hacer Pedagogía», afirmaba Trilla, «porque hacerla bien es comprometerse no solo con el conocimiento, sino también con la acción»[5]. Si bien comparto su apuesta por una pedagogía teórico-práctica, lo que propongo aquí se sitúa en el campo de la pedagogía especulativa (es decir, una reflexión filosófica que, sin perder el vínculo con la práctica, se detiene en el sentido profundo de lo que hacemos al enseñar). Y con ello asumo la duda que Trilla plantea: ¿es posible hacer pedagogía desde los márgenes de la acción sin desvincularse de la realidad? Creo que sí, si el pensamiento especulativo se pone al servicio de los problemas educativos concretos. Es una opción que implica una forma de resistencia intelectual frente a una cultura educativa que privilegia lo cuantificable por encima de lo comprensible.

Pensar desde una perspectiva filosófico-educativa ha sido, para mí, un ejercicio en el sentido que Hannah Arendt dio a esa expresión: un esfuerzo por iluminar el presente educativo, someterlo a prueba y reconsiderar nuestras palabras y nuestras acciones. En este ejercicio, virtudes epistémicas como la caridad hermenéutica tienen un lugar central. Inspirada en san Agustín (Aurelio Agustín de Hipona, como prefieran), esta caridad invita a leer con simpatía antes que con sospecha, a escuchar antes de refutar, sin evitar la crítica, pero enriqueciéndola con apertura. Leer con caridad no es callar ante la injusticia, sino empezar por comprender al otro en sus propios términos, incluso cuando sus planteamientos nos incomodan. Esta forma de hospitalidad interpretativa se ha convertido para mí en un principio metodológico y ético. Pues bien, desde esta actitud se articulan los cinco capítulos que componen el libro, que dialogan entre sí con una mirada filosófica y afirmativa. Cada capítulo se organiza en torno a un verbo que opera como gesto pedagógico, como llamada de atención a algo que conviene pensar y preservar… y quizás hasta restaurar.

El libro comienza con una defensa de la enseñanza como práctica artesanal en «Practicar la enseñanza». Planteo que lejos de ser una mera técnica o una operación medible, la enseñanza se presenta como un ejercicio que cultiva virtudes epistémicas y exige atención, juicio y compromiso. Como cuando un profesor, sin más tecnología que una tiza y una lectura bien elegida, consigue crear una suspensión en la clase: un silencio cargado de sentido donde algo empieza a comprenderse. Sostengo que enseñar no es aplicar mecánicamente recetas ni alcanzar objetivos cuantificables, sino crear condiciones para que algo pase: para que otro pueda apropiarse de un saber, transformarlo, hacerlo suyo. Esta dimensión artesanal, encarnada y situada de la enseñanza se ve hoy amenazada por modelos de gestión educativa centrados en evidencias, rúbricas y resultados estandarizados.

En «Herederos antes que constructores», exploro el papel de la transmisión como vínculo intergeneracional. Frente al olvido del pasado como lastre, reivindico la herencia como condición de posibilidad para imaginar futuros habitables. No se trata de glorificar el pasado, sino de reconocer que no partimos de cero, que somos deudores de una historia que nos precede. Como ese momento en que una profesora cita a un autor leído décadas antes por su maestro, y en ese gesto se traza una cadena invisible de transmisión cultural. En este capítulo dialogo con las críticas a las pedagogías del «descubrimiento» y a ciertas formas de constructivismo ingenuo que desatienden el papel del profesor como mediador entre el alumno y el mundo.

«Preservar los bienes escolares» se pregunta por los modos en que la escuela puede seguir siendo un espacio público, común e igualitario, en un contexto donde ciertos discursos bienintencionados pueden erosionar su función democratizadora. Examino, por ejemplo, cómo el culto a la diversidad puede, si se absolutiza, disolver la función igualadora de la escuela. O cómo la exacerbación de lo emocional en la enseñanza puede desdibujar el lugar del saber y del esfuerzo en la experiencia educativa. Frente a estas tendencias, propongo volver a pensar los «bienes escolares» como aquellos saberes, formas, ritos y espacios que hacen posible la experiencia educativa compartida. Como cuando una clase entera lee el mismo poema, no porque todos tengan los mismos gustos, sino porque ese texto ofrece un lenguaje común desde el cual pensar juntos.

En «Variaciones frente a innovaciones», ofrezco una crítica al imperativo de la innovación como exigencia constante, de raíz neoliberal. Propongo la variación como alternativa: una forma de reinterpretar creativamente la tradición, sin destruirla. Innovar no siempre es mejorar; a veces es simplemente adaptarse a un mercado cambiante. Frente a ello, la variación se presenta como una forma de agencia docente: los profesores como intérpretes capaces de introducir inflexiones significativas en lo que transmiten. Como cuando una profesora explica por enésima vez el mismo concepto, pero con una metáfora nueva, generada un día concreto con un grupo de alumnos concretos.

Finalmente, «Esperanza curricular» propone pensar el currículum como un acto de esperanza: una ofrenda de lo que aún no se domina, pero merece ser compartido. El currículum aparece aquí como un espacio donde sostener lo común y resistir al utilitarismo. Exploro la idea de «esperanza epistemológica»: que no es un optimismo ingenuo, sino una forma de fe razonada en el valor de aquello que no se mide ni se muestra inmediatamente, pero que puede sostener una vida compartida. Como cuando una profesora incluye en su programación una obra difícil o una pregunta sin respuesta clara, no porque sea «útil», sino porque confía en que educar también es abrir tiempos y espacios para lo que aún no comprendemos.

Este recorrido se inscribe en un marco filosófico que algunos denominan pedagogía post-crítica[6]. Frente a una hermenéutica de la sospecha que, por momentos, se vuelve asfixiante, esta perspectiva apuesta por una crítica afirmativa, que no solo denuncia sino también cuida, sostiene y propone. No se trata de abandonar la crítica, sino de situarla y combinarla con gestos que abran espacio para lo que merece ser preservado. En otras ocasiones he argumentado que, en educación, conviene a veces detener la maquinaria crítica. Suspender el impulso deconstruccionista para volver la mirada hacia la educación misma. Este libro parte de la intuición de que el pensamiento pedagógico puede reapropiarse de su lenguaje y de sus gestos, no para defender una esencia, sino para sostener condiciones concretas de posibilidad. Por eso he querido articular cada capítulo en torno a un verbo que no nombra una teoría, sino una forma de cuidado: practicar, heredar, preservar, variar, esperar. Verbos que reclaman tiempo, que no se ejecutan, se ejercen. Cada uno de ellos alude a una acción modesta, pero decisiva, que puede ocurrir en la escuela y que la hace posible.

La pedagogía post-crítica, sin pretender ofrecer un paradigma cerrado, prolonga y desafía la tradición crítica. No niega la importancia de la justicia social y la denuncia de las estructuras de poder, pero busca también sostener aquello que hace valiosa a la educación por sí misma. En este sentido, no se trata de proponer un nuevo «modelo» educativo, sino de habitar la educación como un campo frágil, expuesto, necesitado de cuidado y de atención. Mi postura frente a la crítica es contextual y situada. Hay momentos y lugares que exigen una *debunking critique*, una desacreditación crítica en palabras del filósofo francés Bruno Latour[7], es decir, una crítica que desenmascare y desmonte discursos dominantes. Y hay otros en los que una actitud post-crítica resulta más prometedora, con una pedagogía afirmativa que no esquiva los conflictos, sino que busca enfrentarlos desde una lógica distinta: no desde la denuncia permanente, sino desde la proposición sostenida. El pensamiento pedagógico, hoy, parece estar llamado a recordar lo olvidado: que la escuela existe para democratizar el acceso al saber; que las tasas de paro no son responsabilidad del sistema educativo; que las desigualdades escolares reflejan, en gran parte, las condiciones materiales de vida de los alumnos. A veces, hay que volver a decir lo obvio. Y hacerlo con palabras nuevas, sin resignarse al cinismo, sin caer en la retórica hueca. En un tiempo en que enseñar es cada vez más difícil e imprescindible, este libro quiere abrir un espacio para seguir pensando, juntos, por qué hay que conservar la educación.

Escribo este libro desde una universidad pública en España, en diálogo constante con futuros profesores y con docentes en ejercicio. Muchos de los problemas aquí abordados han surgido en clase, en tutorías, en conversaciones informales o en debates con otros colegas. Aunque el libro está marcado por una mirada filosófico-educativa, sus preguntas nacen de la práctica docente y de la preocupación por el destino de la escuela pública como institución cultural, democrática e intergeneracional.

Nada de esto habría sido posible sin mi familia, mi marido Fernando y los hijos que nos han ido llegando como un regalo, que a la vez que hacen más difícil escribir lo hacen paradójicamente más posible. También gracias a mis compañeros del Departamento de Pedagogía de la Universidad Autónoma de Madrid, espacio donde disfruto del privilegio de dedicarme al trabajo más bonito del mundo que me da el tiempo, el espacio y los medios de poder leer y pensar. A mis estudiantes, que me preocupan y ocupan cada curso: dar clase es pensar con ellos la educación y sus problemas, a veces a pesar de ellos y a veces a mi pesar. A mis doctorandos que me mejoran, me superan y me exigen. Una fuente de estímulo intelectual fundamental para materializar el empuje de escribir, se lo debo a tantas personas queridas que me han obligado a lo largo de los últimos años con sus invitaciones a exponerme y a experimentar con nuevas ideas, que me han insistido, que me han estimulado para pensar más y mejor, que me han esperado, que me siguen provocando: Paul, Ramón, David, Tania, Ángel, Marina, Kai, Stefano, Joris, Piotr, Wiebe, Hans, Morten, Alison, Pia, Anna. También, gracias, a todos quienes participan en la tribuna pública poniendo la educación en el centro de las preocupaciones y de las discusiones en periódicos, diarios digitales y redes sociales, desde las aulas y salas de profesores, desde las asociaciones profesionales, desde la acción sindical comprometida. Los sigo, leo y escucho con mucha atención. A todos los que participan de estos debates, en voz alta o en lectura silenciosa, ojalá estas páginas sirvan como un lugar de resonancia y conversación, para quienes siguen creyendo que pensar la educación es tarea urgente y posible.

Y es que la educación es uno de los campos donde aún se discute con pasión en la esfera pública. Basta seguir las conversaciones que circulan en redes sociales, columnas de opinión o espacios sindicales para constatar que algo importante está en juego. Este libro quiere ser parte de ese debate, no como un manifiesto, sino como una invitación a pensar con más cuidado. Me importa lo que ocurre cuando los profesores toman la palabra en público, cuando las familias se interrogan sobre qué educación quieren para sus hijos, cuando los investigadores se arriesgan a pensar más allá de la lógica académica. Ojalá estas páginas puedan dialogar con todo eso.

Por último, este libro no es un programa ni un diagnóstico definitivo. Es un intento de mantener abiertas las preguntas, de ofrecer argumentos que inviten a otros a sumarse a la conversación, de defender lo que todavía puede conservarse. Porque quizás educar consiste precisamente en eso: en dar testimonio de que el mundo merece ser cuidado, incluso cuando parece desmoronarse.

I. PRACTICAR LA ENSEÑANZA

Vivimos tiempos en los que el oficio de profesor se experimenta y se observa como un progresivo proceso de «alienación» de lo que significa su trabajo. Un tiempo en el que la práctica de enseñar (es decir, lo que hace el profesor cuando está enseñando) se convierte en una variable más (aunque se reconozca que sea una variable importante) dentro de la gran función de producción de los sistemas educativos. Una situación que se está viendo animada y reforzada por toda una serie de discursos que simplifican a lo medible, por la vía de los métodos estadísticos, todo aquello que se pone en juego y todo aquello que profesor y alumnos se juegan en cada acto de enseñanza. Las capacidades críticas y creativas del profesor que siguen a su dominio de los contenidos, medios y fines de aquello y de quienes tiene el encargo de enseñar, tienden a quedar en suspenso, anuladas. La alienación del trabajo docente no es un fenómeno nuevo, pero sí ha adquirido una intensidad particular en las últimas décadas. Desde la segunda mitad del siglo XX, la figura del profesor ha transitado desde el modelo del intelectual humanista, encargado de abrir mundos mediante la cultura, hacia el modelo del técnico especializado, gestor, dispensador y animador de aprendizajes diseñados por otros. Esta transformación se ha acelerado con las reformas educativas orientadas por organismos internacionales, que han promovido un modelo de

23

evaluación estandarizada y rendición de cuentas. La enseñanza se ha visto atrapada en una lógica de resultados, que tiende a ignorar la complejidad y la humanidad de la práctica educativa. En este contexto, la enseñanza ya no se piensa como una práctica situada, compleja y con bienes internos propios, sino como una función instrumental al servicio de fines ajenos al saber, su cultivo y la promesa de emancipación que conlleva.

En este capítulo me propongo defender que la educación se salvará en la medida que se devuelva al centro de las preocupaciones pedagógicas la práctica de enseñanza en la que los profesores ejerciten las virtudes epistémicas, tanto las generales a su tarea, como las específicas de cada disciplina. Todo ello dentro de un movimiento restaurativo por el que se hace necesario devolver la enseñanza al centro de la educación.

DEVOLVER LA ENSEÑANZA AL CENTRO DE LA EDUCACIÓN

Hace algunos años, el filósofo de la educación Gert Biesta[8] reivindicaba la importancia de la enseñanza en un contexto marcado por la sobrevaloración del aprendizaje y la creciente marginalización del rol del profesor, reducido a una variable funcional en la consecución de resultados. Frente a esta tendencia, Biesta propone redescubrir la enseñanza y devolverla al centro de la reflexión educativa, recordando que la educación no es (ni debería ser) únicamente aprendizaje del alumno. También importa, y mucho, lo que el profesor hace cuando enseña. En su planteamiento, Biesta desarrolla cinco ideas fundamentales: (i) Enseñar implica un imperativo moral específico: hacer posible la existencia adulta de otros seres humanos en y con el mundo. (ii) La enseñanza debe emanciparse del aprendizaje entendido como fin en sí mismo, para abrir otras posibilidades de existencia y sentido para los alumnos, en la medida en que toda experiencia de aprendizaje puede dar lugar a nuevas formas de significado y de sentido. (iii) Enseñar no significa restringir la libertad del alumno, sino configurar el espacio desde el cual puede emerger como sujeto; tanto es así que en la experiencia de ser enseñado se revela algo esencial de la propia condición humana. (iv) La educación que aspira a emancipar no consiste sólo ni simplemente en transmitir conocimiento de un profesor que lo sabe a un alumno que aún no lo sabe, pero, aun así, el profesor y su actividad de enseñanza son indispensables en ese proceso. (v) Finalmente, enseñar implica también asumir el gesto docente del disenso según el cual la enseñanza permite la apertura de desacuerdos en la medida que la educación tiene el potencial de dar como resultado aquello que no estaba previsto ni como una posibilidad, ni como cálculo, ni como anticipación desde el aquí y ahora.

Según Biesta[9], el dilema que atraviesa los debates contemporáneos sobre la docencia radica en que, por un lado, quienes se interesan por la enseñanza no parecen preocuparse realmente por la libertad y emancipación de los alumnos, mientras que, por otro lado, quienes valoran esa libertad y emancipación tienden a considerar la enseñanza como un obstáculo. Este no es solo un problema político relacionado con el rol y el estatus del profesorado en los sistemas educativos contemporáneos, sino también, y quizá de forma más fundamental, un problema que afecta directamente al significado de ser profesor, e incluso a lo que implica existir como tal. Como si a la libertad y a la emancipación se llegase por la misma libertad, cuando es, justa y paradójicamente, al contrario: la verdadera educación, es decir, la que libera y emancipa, es la que se inicia desde la limitación[10], la que consiste en la afirmación deliberada de unas cosas y la negación consciente (y consistente) de otras, el ejercicio deliberado de influencia que forma, encamina y estructura el juicio, precisamente para hacerlo posible.

La enseñanza recuperará su lugar en el centro de la educación cuando el profesor asuma su responsabilidad moral de enseñar a sus alumnos a ser libres en un sentido adulto, es decir, a habitar el mundo sin quedar completamente absorbidos por él. A partir de esta idea, desarrollaré mis reflexiones en tres momentos: en primer lugar, revisando el debate sobre si la docencia puede ser comprendida como una praxis en sentido aristotélico; en segundo lugar, cuestionando la imagen del profesor como un mero «técnico profesional» para recuperar, en su lugar, su figura como artesano; y, finalmente, defendiendo la enseñanza como una práctica artesanal de virtudes epistémicas (las generales de toda actividad docente, y las específicas que conlleva la iniciación en las distintas disciplinas curriculares). Esta última propuesta busca liberar la enseñanza del paradigma centrado exclusivamente en el aprendizaje, abrir este a nuevas posibilidades existenciales para los alumnos y, con ello, devolver a la enseñanza su sentido educativo más pleno.

¿PERO ES ACASO LA ENSEÑANZA UNA «PRÁCTICA»?

Hay algo muy interesante en la clásica (casi mítica) discusión mantenida entre Dunne y el recientemente fallecido MacIntyre, que resuena con los planteamientos de Biesta que acabamos de ver, y que intentaré presentar a continuación en la medida que nos ayuda a iluminar el problema del desplazamiento de sentido y del vaciamiento de enseñanza de la educación. Empecemos por el principio, que es la definición de MacIntyre de lo que es una práctica, en su clásico *Tras la virtud:*

> Por «práctica» me referiré a toda forma de actividad humana coherente, compleja y cooperativa, socialmente establecida, mediante la cual se realizan bienes internos propios de esa actividad. Esto ocurre en el intento por alcanzar los estándares de excelencia que le son propios y que, a su vez, contribuyen a definirla. Como resultado, tanto las capacidades humanas para lograr la excelencia como las concepciones de los fines y bienes implicados en dicha actividad se desarrollan y profundizan de manera sistemática[11].

Desde esta definición, la enseñanza parece cumplir sin problema con los atributos que MacIntyre identifica con la práctica: una actividad susceptible de desarrollarse virtuosamente. Si pensamos en los diferentes elementos de dicha definición, es fácil pensar que puedan aplicarse a nuestra comprensión general de lo que entendemos deben ser buenas prácticas de enseñanza: (i) son complejas (con la participación de diversos elementos y variables cuyo impacto en el proceso es siempre difícil de calibrar); (ii) se desarrollan cooperativamente bajo unos criterios más o menos unificados; (iii) se busca que en ellas predominen los bienes internos sobre los externos; y (iv) permiten profundizar en la finalidad de la actividad propuesta y las virtudes que en su curso se promueve adquirir. Esta interpretación llevó a muchos a desarrollar el enfoque de MacIntyre acerca del cultivo de prácticas virtuosas en el contexto de la acción educativa. De hecho, la idea de que la educación es una «práctica», en el sentido aristotélico que se desprende del trabajo de MacIntyre, se ha convertido en parte del conocimiento «estable» en el campo de la Pedagogía contemporánea. Esta formulación abrió[12] además, una importante variedad de interpretaciones sobre lo que supone conceptualizar la actividad de educar como una práctica, en este sentido macintyreano[13].

No obstante, en una entrevista que le hacen casi veinte años después de la publicación de su obra *Tras la virtud*, y otros tantos de crecimiento exponencial del proceso de apropiación de su concepto de «práctica» al campo educativo, el bueno de MacIntyre trata de aclarar su posición y desdibujar los puentes sobre los que tal transferencia había venido operando. Así, afirma que: «La enseñanza en sí no es una práctica, sino un conjunto de habilidades y hábitos puestos al servicio de diversas prácticas. El profesor debería considerarse un matemático, un lector de poesía, un historiador o lo que sea, dedicado a transmitir su oficio y conocimiento a sus aprendices»[14]. Dunne, quien conduce la entrevista, se muestra ciertamente sorprendido y recuerda a MacIntyre que, aunque en ocasiones, por razones didácticas, los profesores transmiten destrezas y habilidades desconectadas del contexto, que hace de ellas prácticas inteligibles en el sentido defendido por MacIntyre, no es menos cierto que «se invita a los profesores a despertar el interés de los alumnos por los elementos constitutivos, e incluso por algo del 'espíritu', de determinadas prácticas, y a acompañarlos en el desarrollo de una comprensión más profunda de las mismas»[15]. Dunne se sitúa a sí mismo dentro del grupo de filósofos de la educación que, al hilo del desarrollo de las ideas del propio MacIntyre, había venido señalando que la enseñanza es, en sí misma, una práctica. Por lo que añade: «es desconcertante descubrir ahora que el pensador que más ha influido en nuestra comprensión de la 'práctica' niegue esta afirmación»[16]; más aún cuando «la distinción entre 'bienes internos' y 'bienes externos', tan central a tu [de MacIntyre] concepto de práctica, parece tener una aplicación sorprendentemente clara en el caso de la enseñanza»[17]. Pero MacIntyre no responde en el sentido esperado por Dunne. En este giro de la conversación, MacIntyre insiste sobre la misma idea: que la enseñanza en contextos escolares, no reúne las características suficientes para considerarse una práctica (virtuosa) en el sentido que él la entiende. Una idea que expresa en los siguientes términos:

> J. Dunne: Si, como usted mismo reconoce en Tras la virtud, formar una familia constituye una práctica, entonces ¿por qué no considerar también la formación de una escuela como tal, pese a las innegables, y ciertamente importantes, diferencias entre ambas instituciones, que comparten un profundo impacto formativo sobre los jóvenes?
>
> A. MacIntyre: No me queda del todo claro hasta qué punto estamos en desacuerdo. Usted sostiene que la enseñanza es, en sí misma, una práctica. Por mi parte, sostengo que los profesores participan en diversas prácticas, y que la enseñanza es un componente de cada una de ellas. Tal vez, en la práctica, ambas afirmaciones digan algo muy parecido… aunque quizá no. Porque una parte central de mi argumento es que la enseñanza no es nunca más que un medio:

no tiene un propósito ni una finalidad propios, salvo en relación con las actividades a las que introduce a los alumnos. Toda enseñanza se orienta hacia un fin distinto de sí misma y, en ese sentido, carece de bienes internos propios. La vida del profesor, por tanto, no constituye un tipo de vida específico en sí. La vida de un profesor de Matemáticas, cuyos bienes son los propios de las Matemáticas, es una cosa; la de un profesor de Música, cuyos bienes son los de la Música, es otra[18].

En esta respuesta queda bastante claro que la enseñanza es para MacIntyre más un medio que una práctica dotada de bienes internos. La enseñanza se presentaría como transversalmente mediada por los bienes internos de esas otras prácticas a las que sirve (la Música, las Matemáticas, o la Literatura), y no por los suyos propios (bienes internos de los que carecería la actividad de enseñar). No es que la enseñanza deba entenderse en términos utilitaristas, sino que la enseñanza depende de los bienes internos de las disciplinas en las que inicia y capacita a los educandos. Las habilidades, conocimientos o destrezas que la enseñanza promueve encuentran su razón de ser (su justificación) en los bienes internos a que dicha promoción da acceso. Como consecuencia de esto, MacIntyre, en la misma entrevista, negará la pretensión de estatus propio a la filosofía de la educación: «Cualquier intento de concebir la filosofía de la educación como un área autónoma de investigación filosófica es equivocado. Las reflexiones filosóficas sobre la educación deben entenderse, más bien, como una parte integral de las investigaciones sobre la naturaleza y los valores de aquellas actividades en las que necesitamos ser iniciados a través de la educación»[19].

El desconcierto que Dunne muestra en la entrevista ante la negativa de MacIntyre a considerar la enseñanza como una práctica, tenía su fundamento en que, en trabajos anteriores, el propio MacIntyre habría mantenido una posición diferente[20]. Las críticas a MacIntyre no se hicieron esperar. El desconcierto inicial de Dunne tornó en controversia, materializada un año más tarde en un número monográfico de la revista *Journal of Philosophy of*

Education (misma revista que acogiera la publicación del encuentro Dunne-MacIntyre)[21].

Aunque no puedo entrar aquí en detalles de la discusión que suscitó la mayoría de las reacciones a esa entrevista, abordo las dos afirmaciones más polémicas de MacIntyre: (a) que la enseñanza no es una práctica, y (b) que todo intento de concebir la filosofía de la educación como un área autónoma de investigación filosófica es un error. En el debate en torno a la primera afirmación, se encontraban, por un lado, Hogan, Noddings, McLaughlin y el propio Dunne, quienes valoraban la naturaleza filosófica del concepto de «práctica» tal como lo define MacIntyre, y trataban de demostrar (en contra de la postura del propio autor) que la enseñanza debe ser considerada una práctica. Por otro lado, estaban Carr y Smith, quienes también defendían que la enseñanza puede ser comprendida como una práctica, pero señalaban que el error de MacIntyre no radicaba en su visión de la enseñanza, sino en los límites de su propia definición de práctica. Además, Higgins, Katayama y Kerdeman optaron por una interpretación que trascendía la obra de MacIntyre: repasan algunos de los elementos presentes o ausentes en su discurso sobre la educación (la idea de los bienes internos en el primer caso, la ética de la virtud en el segundo y la multidimensionalidad de las experiencias docentes en el tercero) y luego formulan su propia propuesta dentro del contexto de la reflexión entre filosofía y educación: Higgins, sobre la ética profesional; Katayama, sobre la posibilidad de un marco común para la educación moral; y Kerdeman, sobre el fomento del autocuestionamiento y la duda en la práctica docente.

Es una discusión muy interesante porque, de alguna forma, confirma algo evidente pero seriamente emborronado en el discurso pedagógico dominante y que diferentes foros profesionales de profesores de nueva creación (los clásicos, digamos que, como poco, son actores responsables del discurso institucional en la medida que han sido absorbidos por los aparatos administradores de lo educativo en toda España ya sea por la vía de las subvenciones directas, la contratación como asesores, la participación en órganos consultivos, y/o la facturación de formaciones para profesores de todo color y pelaje) vienen denunciando, reclamando, disputando: que uno es profesor, sí, pero siempre de «algo»; que no debe generalizarse a todos los cursos la enseñanza por ámbitos (inicialmente sólo una acertada y necesaria medida de adaptación curricular); que la especialización disciplinar no es intercambiable, resistiéndose en Secundaria a que el profesor de Lengua Castellana (graduado en Filología Hispánica) imparta Griego o Filosofía y proponiendo en Primaria replantear la actual formación inicial de maestros generalistas que saben un poquito de todo y un mucho de nada para retomar un modelo de especialidades curriculares.

Aunque, como trataré de demostrar, sí hay en la enseñanza una serie de virtudes epistémicas comunes o compartidas que me lleva a plantear que la docencia sí que es una práctica, desde luego, se vacía de su pleno sentido si se olvida que es una práctica que fundamentalmente consiste en introducir a los alumnos en otras prácticas que se definen por su intento por lograr los estándares de excelencia que le son propios y que, a su vez, ayudan a definirla y que debe ser así en todos los niveles de enseñanza.

Tomemos la introducción escolar a la Física o la Química: experimentar el principio de flotabilidad de objetos en Educación Infantil, comprender la diferencia entre mezclas homogéneas y heterogéneas en Educación Primaria, calcular la fuerza de atracción entre los cuerpos en la Educación Secundaria, estudiar los fundamentos del electromagnetismo o dominar las técnicas de espectrometría de masas en la Educación Superior. Al lado y en simultáneo a la enseñanza de todo esto, para cada uno de estos niveles, suceden muchas otras cosas y es esperable que un buen profesor las tenga en cuenta (más cosas y mayor consideración cuanto más jóvenes sean los alumnos, avanzar por el sistema educativo es también un proceso de priorización progresiva de la atención al objeto de estudio), pero debemos resistir cualquier intento por hacer que todas esas otras cosas (también cuando los alumnos son jóvenes o muy jóvenes) que suceden alrededor, ocupen (¿okupen?) la centralidad del sentido y de la razón que explica por qué hay un profesor en un aula con alumnos.

Intentaré ofrecer una nueva perspectiva en esta discusión, defendiendo que la enseñanza es, en efecto, una práctica, aunque de un carácter particular. Es una práctica artesanal, que no solo acompaña o facilita la iniciación del estudiante en el virtuosismo propio de otras prácticas (artísticas, científicas o humanísticas), sino que además lo expone a los bienes internos de la propia práctica de enseñanza: las virtudes epistémicas que son inherentes a toda acción de introducción en una práctica significativa, y que constituyen el núcleo del trabajo educativo que los profesores llevan a cabo en las escuelas.

LA ENSEÑANZA COMO ARTESANÍA

Tras el auge de discursos ingenuos y excesivamente optimistas sobre la llamada «enseñanza eficaz», la labor educativa del profesorado tiende a reducirse a una tarea cada vez más técnica, orientada principalmente a la obtención de «resultados positivos» y «mejores indicadores de rendimiento». Hasta el punto de que lo importante es el indicador, aunque no haya nada real que lo sostenga, aunque se esté forzando una suerte de estafa: mejorar la tasa de idoneidad escolar o de graduación en ESO no por la vía de la mejora de aprendizajes sino de la rebaja de las exigencias académicas, la flexibilización de los criterios de evaluación por ley. La expansión de sistemas de evaluación estandarizada y la sobreabundancia interpretativa y detallada de elementos curriculares han sometido al profesorado a cantidades de burocracia inéditas, que transforman profundamente el sentido de su labor. Esta lógica de producción educativa, de la cual la tecnificación de la enseñanza no es más que una consecuencia lógica, conlleva una negativa instrumentalización: la de los elementos por los que el profesorado podría describir y orientar su práctica pedagógica (además de supurar una profundísima falta de confianza por parte de quienes administran lo educativo hacia los profesores que lo protagonizan a diario).

Se diluye, así, la posibilidad de comprender la enseñanza como una forma de mostrar al alumnado maneras adultas, responsables y reflexivas de estar en el mundo. Como resultado, la profesión docente se somete a un proceso progresivo de alienación respecto del sentido profundo de su tarea. Las prácticas de enseñanza, es decir, aquello que el profesor realmente hace cuando enseña, se transforman en una variable más (aunque se reconozca su relevancia) dentro de la gran maquinaria productiva del sistema educativo. Este proceso de alienación se ve reforzado por discursos que simplifican y reducen el acto de enseñar a lo que puede ser medido, cuantificado, o gestionado a través de una hoja de cálculo. Las cuales han sobreabundado, producidas desde los despachos de las propias administraciones educativas para resolver problemas de burocratización de lo técnico-pedagógico como la «evaluación criterial», profesores peleando con las fórmulas para lograr que al final salga la nota 8. Mi propuesta, en este contexto, es que una vía para redescubrir la enseñanza y devolverla a la educación (tal y como hemos visto que sugiere Biesta) pasa por volver a su propia materialidad: observar con atención lo que realmente sucede cuando alguien enseña, cuando un profesor se compromete con sus alumnos en un acto educativo cargado de sentido, apertura y posibilidades.

El paradigma de la «educación por competencias» ha contribuido de manera decisiva al vaciamiento del sentido educativo de la enseñanza. Al reducir los aprendizajes a desempeños observables y medibles, desconecta a los contenidos del contexto histórico y disciplinar que les da sentido. Se prioriza el «saber hacer» sin preocuparse por el «saber qué» ni el «saber por qué».

Las competencias, entendidas como un conjunto de indicadores funcionales, convierten al profesor en un aplicador de instrumentos y al alumno en un ejecutor de tareas. Frente a esta lógica, urge recuperar una visión de la enseñanza centrada en la comprensión, la interpretación y el pensamiento crítico. Enseñar no es entrenar habilidades genéricas, sino introducir en formas de pensar, valorar y conocer que han sido culturalmente elaboradas y que dan acceso a bienes comunes.

En este sentido, no tiene nada de novedoso afirmar que la enseñanza sea una práctica artesanal, pero es coherente con el esfuerzo restaurativo y conservador de este libro. Sin embargo, la noción de *artesanía* a la que me refiero requiere ser abordada con cuidado y matices. Para ilustrar este punto, tomaré como ejemplo el trabajo de Orchard y Winch del año 2015, *¿Qué formación necesitan los profesores? Por qué la teoría es necesaria para una buena enseñanza*, precisamente como muestra de lo que *no* quiero decir cuando hablo de la docencia como una forma de artesanía. En dicho texto, los autores proponen superar la idea de los profesores como técnicos o artesanos, y abogan por concebir al «buen profesor» como un profesional. Rechazan la visión del profesor como técnico, argumentando que, aunque enseñar bien requiere conocimientos técnicos, estos no son suficientes: el profesor debe ser más que un simple ejecutor de técnicas. Asimismo, descartan la figura del profesor como artesano, al considerar que no se puede permitir que la intuición reemplace el valor de respuestas meditadas, fundamentadas en conocimientos técnicos y teóricos. En su lugar, proponen un modelo de profesionalismo docente basado en una definición de «sentido común» más elaborada: un profesor capaz de emitir juicios situados acertados no debe apoyarse en prejuicios o suposiciones infundadas, sino en marcos conceptuales bien construidos, investigaciones empíricas sólidas y principios éticos reflexionados.

Mi desacuerdo con este enfoque, que tendría su reflejo contemporáneo en la «educación basada en evidencias» como un intento desesperado por acudir a cualquier cosa que suene distinto a lo que estamos padeciendo en las escuelas españolas, y que se abraza, a mi juicio, de forma extremadamente acrítica, radica en que presentan una imagen demasiado reduccionista del artesano, como si sus juicios se formularan de manera improvisada, sobre la marcha, y sustentados en un «sentido común» meramente espontáneo. Esta caracterización ignora que la artesanía, lejos de ser una mera aplicación intuitiva, implica un tipo de saber encarnado, situado, cultivado a lo largo del tiempo, y profundamente ligado al juicio práctico, a la experiencia reflexiva y al compromiso con la excelencia.

Si entendemos la enseñanza como una práctica artesanal, es necesario reconsiderar en profundidad los modelos de formación del profesorado. En lugar de una preparación basada en competencias genéricas, estándares homogéneos y procedimientos replicables, se requiere una formación situada, centrada en el cultivo del juicio, la experiencia y la sensibilidad práctica. Los futuros profesores deberían tener tiempo para estudiar con profundidad las disciplinas que van a enseñar, pero también para observar a otros enseñar, reflexionar colectivamente sobre lo que sucede en el aula, ensayar respuestas a situaciones imprevisibles. La artesanía se aprende junto a otros, en contextos reales, no desde manuales de instrucciones. Asumir esta perspectiva implica también que la formación inicial y continua debería estar vinculada a comunidades docentes vivas, donde el saber profesional se construya, se discuta y se renueve desde la práctica.

Una enseñanza coherente con la concepción de la tarea docente que aquí propongo recuperar podría pensarse a través de la noción de enseñanza como *artesanía*. Pero no cualquier idea de artesanía: me refiero específicamente a la que desarrolla Richard Sennett. Su enfoque ofrece, a mi juicio, una vía mucho más fecunda para insistir en la necesidad de redescubrir *la enseñanza para devolverla al centro de la educación*. Según Richard Sennett[22], la artesanía designa un impulso humano fundamental: el deseo de hacer bien un trabajo por el simple placer de hacerlo bien. La buena artesanía implica el desarrollo de habilidades y una atención centrada en la tarea misma, más que en el propio sujeto que la realiza. Programadores, médicos, artistas, incluso madres y padres, todos pueden participar del trabajo de un artesano.

> El artesano (...) se concentra en la conexión íntima entre la mano y la cabeza. Todo buen artesano mantiene un diálogo constante entre la práctica concreta y el pensamiento; este diálogo evoluciona en hábitos sostenibles, y esos hábitos establecen un ritmo entre la resolución de problemas y la búsqueda de nuevos problemas. La relación entre la mano y la cabeza se manifiesta en ámbitos aparentemente tan distintos como la albañilería, la cocina, el diseño de un parque infantil o la interpretación de una pieza de violonchelo. Pero todas estas prácticas pueden fallar o no llegar a madurar. No hay nada inevitable en el proceso de volverse hábil, del mismo modo que no hay nada mecánico ni carente de sentido en la técnica misma[23].

Siguiendo a Sennett, el mundo material nos interpela constantemente a través de su resistencia, su ambigüedad y su capacidad de transformación conforme cambian las circunstancias. En lugar de imponerle nuestras intenciones, deberíamos aprender a entablar un diálogo con él y, en ese proceso, desarrollar lo que él llama una *mano inteligente*. Esta noción forma parte de una crítica más amplia que Sennett dirige a su antigua maestra, Hannah Arendt, quien en su concepción de la condición humana establecía una distinción entre el mundo de las necesidades animales y un mundo «superior» de arte, política y filosofía. Para Sennett, esta división constituye un error filosófico de graves consecuencias éticas y políticas, pues no solo desvaloriza el trabajo manual, sino que también impide reconocer en él uno de los fundamentos de la buena ciudadanía. Frente a ello, Sennett sostiene que «casi cualquiera puede convertirse en un buen artesano»[24] y que «aprender a trabajar bien permite a las personas gobernarse a sí mismas y, por tanto, convertirse en buenos ciudadanos»[25]. Esta línea argumental se apoya, entre otras cosas, la idea de que las capacidades artesanales son innatas y ampliamente distribuidas, y que, con la estimulación y la formación adecuadas, permiten a los artesanos convertirse en sujetos públicos competentes.

¿Y qué es lo que saben los artesanos? Saben, en primer lugar, (i) cómo negociar entre la autonomía y la autoridad, tal como debe hacerse en cualquier taller de carpintería... o en cualquier aula de cualquier centro educativo. Saben (ii) cómo trabajar no *contra* las fuerzas que se resisten, sino *con* ellas, como lo hicieron los ingenieros que perforaron los primeros túneles bajo el Támesis... o como hace cualquier profesor hábil frente a un alumno de Secundaria desafiante. Saben también (iii) cómo completar sus tareas utilizando la *fuerza mínima*: como los chefs que cortan verduras con precisión... o como miles de profesoras de Educación Infantil que logran que una veintena de niños de dos años disfruten comiendo zanahorias mientras preparan un taller de educación artística. Saben (iv) cómo tratar a las personas y a las cosas con una *imaginación empática*: como el soplador de vidrio que, gracias a la anticipación corporal, se adelanta al comportamiento del vidrio fundido, o como un profesor de Primaria sensible que se sienta a conversar con su alumno que está hoy con el ceño fruncido. Y, sobre todo, saben (v) *jugar*: porque en el juego está el origen del diálogo que el artesano establece con materiales como el barro o el vidrio... y también ese sentido lúdico que acompaña al profesor que disfruta de lo que hace y se entrega a su tarea con compromiso y seriedad, consciente y responsable de lo que está en juego, de lo que tiene entre manos.

Pensemos una escena cotidiana: una profesora de Ciencias en un aula de 2º de ESO intenta explicar la diferencia entre masa y peso. Un alumno interrumpe para preguntar por qué nos pesamos en kilos si el peso cambia en la Luna. La profesora detiene su explicación, recoge la pregunta y reformula lo que estaba diciendo. Invita a los alumnos a pensar juntos. Algunos comentan, otros callan. Vuelve a la definición de fuerza, dibuja vectores, conecta con ejemplos del cuerpo humano. La clase ha cambiado de ritmo, pero ha ganado en densidad. Hay incertidumbre, pero también una forma de respeto compartido por lo que se está intentando explicar de un lado y comprender del otro. Esa profesora está haciendo artesanía: sostiene la tensión entre lo que planificó y lo que sucede, entre la necesidad de avanzar y la oportunidad de detenerse. Su juicio práctico, su experiencia, su compromiso con el conocimiento y con sus alumnos, se entretejen en un gesto único e irrepetible. Enseñar (bien) es eso.

Entre las formas más infravaloradas de la enseñanza se encuentra el silencio. No el silencio como imposición disciplinaria, sino como forma de atención, de respeto, de espera significativa. Enseñar a callar, a escuchar, a extenderse en una idea, es también formar en una disposición epistémica. La cultura escolar tiende hoy a llenar todos los espacios de estímulo y producción, dejando poco margen a la contemplación. Pero sin silencio no hay reflexión, y sin reflexión no hay pensamiento propio.

Entender la enseñanza como artesanía, en estos términos, nos remite a un impulso humano fundamental: el deseo de hacer bien las cosas. Ahora bien, como advierte Sennett, ese deseo conlleva también un riesgo motivacional: la obsesión por hacer las cosas perfectamente puede llegar a deformar el propio trabajo. Según él, solemos fracasar como artesanos no por falta de capacidad, sino por no saber organizar nuestra obsesión. Esta observación[26] invita también a los profesores a cultivar esa búsqueda del hacer bien como una forma de compromiso ético y profesional. Estoy convencida de que este es el deseo que anima a muchos profesores y que da sentido a sus acciones en el aula, a sus decisiones para iniciar a los alumnos en un conjunto de prácticas que se introducen a través del currículum, en un mundo del que están llamados a convertirse en sujetos. Ahora bien, en este proceso de introducción a las prácticas del mundo (y aquí vuelvo al argumento del debate entre Dunne y MacIntyre) sostengo que existen bienes internos propios de la tarea docente que permiten pensar la enseñanza como una práctica completa, en contra de la posición defendida por MacIntyre.

Concebir la enseñanza como una práctica artesanal, que es también una forma específica de asumirla como tarea genuinamente educativa, permite reconocer su capacidad para participar de virtudes epistémicas fundamentales como la honestidad intelectual, la apertura mental, el amor por el conocimiento, la reflexividad o la meticulosidad. Así, por ejemplo, podemos decir que una persona es curiosa si formula preguntas con agilidad y manifiesta un deseo genuino de comprender el mundo que la rodea; o que es de mente abierta si muestra disposición a considerar perspectivas distintas, reconociendo que esta actitud es una vía valiosa para alcanzar una comprensión más precisa de la realidad o del problema en cuestión.

Además de práctica artesanal, la enseñanza puede comprenderse como una experiencia estética y ética. Estética, porque implica formas de sensibilidad y de presencia que no son reducibles a la técnica: la manera de disponer el aula, de leer un poema, de entonar una explicación, de observar una reacción. Y ética, porque cada decisión pedagógica comporta una toma de posición respecto al valor de lo que se enseña y de a quién se enseña. Esta doble dimensión recuerda que el acto de enseñar no es neutro: compromete una idea del mundo, del saber y del otro. Reivindicar esta dimensión estética y ética de la enseñanza implica oponerse a su reducción a gestión de recursos o protocolos de intervención.

La materialidad misma de la enseñanza crea condiciones singulares para que un ser humano se inicie en este tipo de prácticas. Ser enseñado, sobre cualquier tema, puede convertirse en una oportunidad para experimentar una invitación a *amar el mundo*, entendida como una condición previa para querer *estar en él* de manera adulta, consciente y comprometida.

VIRTUDES EPISTÉMICAS Y BIENES INTERNOS DE LA ENSEÑANZA

Cabe señalar una cierta relación de causalidad entre el ejercicio y la posesión de las virtudes, por un lado, y la posibilidad de alcanzar los bienes internos de una práctica, por otro. La práctica constituye el espacio donde las virtudes se manifiestan y adquieren sentido. Hablar de prácticas es referirse a actividades humanas socialmente establecidas, en las que las personas participan junto a otros y que implican un compromiso sostenido con determinados fines y formas de perfectibilidad. La participación en una práctica genera tanto bienes externos como internos para quien se involucra en ella. Los bienes externos son contingentes y fácilmente reconocibles desde fuera de la práctica (como el prestigio, el dinero o el éxito); en cambio, los bienes internos solo pueden ser comprendidos y alcanzados a través del ejercicio mismo de la práctica, y su reconocimiento está reservado a quienes participan genuinamente en ella. Es precisamente en este punto donde MacIntyre introduce el concepto de virtud. Los bienes internos de una práctica no pueden alcanzarse, ni siquiera comprenderse, sin el ejercicio de virtudes por parte de quien participa en ella. El acceso tanto a los bienes internos como a los externos depende en buena medida de la actitud con la que se introduce y se permanece en la práctica en cuestión, y dicha actitud está directamente relacionada con el grado de virtud alcanzado. La virtud, así entendida, orienta la disposición del sujeto hacia los demás y delimita sus posibilidades reales de realización dentro de la práctica.

Retomar la figura del profesor como artesano, y con ella el reconocimiento de la enseñanza como una práctica transmisora de virtudes epistémicas, no solo enriquece nuestra comprensión de la tarea docente, sino que también puede transformar, para mejor, las relaciones entre los profesores y quienes administran el sistema educativo. Reconocer el carácter artesanal de la enseñanza implica reconocer la pericia, el juicio situado y la sensibilidad práctica que los profesores despliegan en su trabajo cotidiano. Esto exigiría, por parte de las administraciones, un cambio de actitud: pasar de una lógica de control burocrático a una lógica de confianza en el saber profesional del profesor. Valorar su capacidad para cultivar en los alumnos virtudes como la honestidad intelectual, la curiosidad o la apertura de mente, que es común en la práctica de la enseñanza de todas las disciplinas, supone reconocer que la docencia no es una actividad meramente técnica ni fácilmente estandarizable. Al hacerlo, se contribuiría no solo a devolver la dignidad profesional a los profesores, sino también a restaurar la enseñanza al lugar central que le corresponde dentro del proyecto educativo.

Desde esta perspectiva, las virtudes epistémicas no deben entenderse como añadidos externos a la enseñanza, sino como bienes internos que se realizan en el propio ejercicio de enseñar bien. No se trata simplemente de que un profesor enseñe contenidos con claridad, sino de que, al hacerlo, encarne y transmita una forma de relación con el saber que es reflexiva, rigurosa y ética. La honestidad intelectual, la apertura a la duda, la atención cuidadosa al detalle o la disposición a revisar los propios juicios son modos de estar en el mundo que el profesor no solo modela, sino que cultiva en los alumnos a través de su propia práctica de enseñanza. Al reconocer que estas virtudes constituyen el núcleo mismo de la buena enseñanza, se refuerza la idea de que educar no es simplemente preparar para rendir, sino formar sujetos capaces de pensar por sí mismos, de habitar el mundo con discernimiento, y de comprometerse con él.

Ahora bien, la excesiva centralidad que hoy se otorga a las llamadas mejoras «técnicas» de la profesión docente corre el riesgo de eclipsar otros dos aspectos igualmente fundamentales en la práctica de la enseñanza. El primero de ellos es el conjunto de obligaciones particulares que surgen de la relación pedagógica y de la responsabilidad que el profesor asume como garante del derecho a la educación. El segundo es el compromiso con el propio desarrollo personal y profesional que exige de forma continua el ejercicio de la docencia. Ambos aspectos remiten a dimensiones constitutivas de la profesión docente: por un lado, su dimensión deontológica, asociada a las virtudes éticas que regulan la relación con los otros; por otro, su dimensión epistemológica, vinculada a las virtudes epistémicas que orientan el compromiso con el conocimiento, la reflexión crítica y la búsqueda de comprensión.

En lo que respecta al cultivo de las virtudes epistémicas en la práctica de la enseñanza, puede afirmarse que se trata de disposiciones orientadas al desarrollo de cualidades como la honestidad intelectual, la apertura mental, el amor por el conocimiento, la reflexividad o la meticulosidad. Una persona virtuosa en este ámbito es aquella que se siente motivada por bienes como la verdad, el saber y la formación del pensamiento crítico. Por ejemplo, podemos decir que alguien es curioso cuando tiene soltura para plantear preguntas y un interés sincero por comprender el mundo que le rodea; o que es una persona abierta de mente cuando se muestra dispuesta a considerar otros puntos de vista, sabiendo que esa actitud le ayudará a comprender más y mejor la realidad o el problema de que se trate.

Hablar de virtudes epistémicas en la enseñanza puede parecer abstracto si no se ilustra con ejemplos concretos. La honestidad intelectual, por ejemplo, se manifiesta cuando un profesor reconoce lo que no sabe, cuando admite una pregunta sin respuesta inmediata o cuando corrige un error con naturalidad. La apertura mental se evidencia cuando se presentan en clase distintas perspectivas sobre un mismo fenómeno histórico o filosófico, animando a los estudiantes a comparar, contrastar y argumentar sus puntos de vista. El amor por el conocimiento se contagia cuando el profesor muestra pasión por su disciplina, comparte su interés con entusiasmo y transmite la alegría de comprender algo complejo. La meticulosidad se encarna en la forma en que se preparan las clases, se cuida el lenguaje, se evalúa con justicia. Estas virtudes no son meros adornos, sino condiciones para que la enseñanza sea significativa, formativa y humana.

Y es que, ciertamente, como muchos señalan, la enseñanza no solo transmite conocimientos, sino que forma sensibilidades (aunque distintas a lo que se defiende en muchos circuitos pedagógicos mainstream). En este sentido, puede decirse que la docencia tiene una dimensión de imaginación moral. Enseñar es también ensanchar el campo de lo posible, permitir que los alumnos imaginen otros modos de vida, otras respuestas, otras formas de estar en el mundo. Un buen profesor no se limita a presentar datos o conceptos, sino que crea condiciones para que los alumnos se imaginen actuando con otros, desde lugares distintos. La imaginación moral es clave para formar sujetos comprometidos con algo más que sus propios intereses.

No deja de ser sorprendente tener que recordar que es profundamente beneficioso para un grupo de alumnos contar con un profesor o profesora cuya práctica docente constituya, en sí misma, una invitación a amar el conocimiento. Recuperar este aspecto en las conversaciones públicas sobre el sistema educativo y su profesorado implicaría atender cuidadosamente a la manera en que el futuro profesor comunica, reflexiona y siente su propia área de saber, promoviendo así una relación epistémicamente rica y con sentido con el conocimiento al que tienen el encargo de introducir a sus alumnos.

Si realmente aspiramos a que los alumnos se aproximen a formas adultas y comprometidas de estar en el mundo, es imprescindible promover y defender un vínculo profundo del profesor con contenidos de aprendizaje temáticamente ricos. Esta exigencia se vuelve especialmente evidente cuando los alumnos son introducidos en prácticas de investigación y conocimiento enmarcadas en tradiciones intelectuales consolidadas (ya sea en asignaturas, disciplinas o áreas curriculares). Ahora bien, entender la tradición no significa aquí aferrarse a un corpus fijo e inmutable de creencias, sino reconocerla como una práctica viva que se sostiene en, al menos, cuatro dimensiones[27]: (i) la presencia de prácticas sostenidas de lectura, que implican estilos argumentativos específicos, referencias continuadas y enfoques propios; (ii) la incorporación de la crítica como parte constitutiva de la tradición misma, en constante evolución; (iii) la existencia de tensiones internas, disputas, cambios de paradigma y bandos enfrentados; y (iv) una vanguardia activa, que proyecta la tradición hacia nuevos horizontes.

Así, practicar la enseñanza consiste en transmitir contenidos, iniciando a los alumnos en una *práctica*, en un diálogo riguroso con el saber heredado, lo que implica una confrontación formativa con una muestra representativa de aquello que define la práctica objeto de estudio. Las implicaciones pedagógicas de esta visión son profundas: resituar en el centro de la tarea educativa el contenido y su tradición; rediseñar las situaciones de enseñanza como espacios de iniciación crítica; y formar a los profesores no solo como mediadores de contenidos, sino como *guardianes artesanos* de las tradiciones vivas que habitan, capaces a su vez de preparar a sus alumnos para transformarlas con juicio, creatividad y responsabilidad. En este horizonte, el cultivo de virtudes epistémicas no es un efecto secundario de la enseñanza, sino uno de sus fines más nobles y urgentes.

ENSEÑAR COMO GESTO INTERGENERACIONAL

Ahora bien, enseñar no es solo transmitir un saber, sino también un mundo. Como ya señaló Hannah Arendt, educar no es proteger al niño del mundo, sino introducirlo en él. Ese gesto por el cual se introduce a alguien en algo que no ha elegido, pero de lo que es ya responsable, define el carácter profundamente intergeneracional de la educación. La escuela no es únicamente el lugar donde se adquieren habilidades o se entrenan competencias: es, o debería ser, una institución donde lo heredado se pone al cuidado de los recién llegados. Enseñar, en este sentido, es ofrecer una herencia, sin saber si será aceptada, reformulada o rechazada. Pero es precisamente en ese ofrecimiento donde se cifra el gesto educativo por excelencia.

Desde esta perspectiva, el profesor no aparece como un técnico que aplica métodos neutros, sino como una figura interpuesta entre el pasado y el futuro: alguien que sostiene un puente entre generaciones, que custodia lo que ha recibido y lo vuelve accesible a quienes llegan. No se trata de repetir lo antiguo, ni de imponer lo propio, sino de crear las condiciones para que lo que merece ser preservado encuentre continuidad en manos ajenas. Enseñar es, en este sentido, un acto profundamente político, no porque adoctrine, sino porque configura la relación entre los sujetos y el mundo común.

Entendida como institución transmisora, la escuela puede verse también como un archivo vivo: un espacio donde los saberes del pasado no se conservan como reliquias, sino que se activan, se interrogan, se reelaboran. El profesor no es un archivero que repite, sino un agente diplomático que mantiene abierto el vínculo entre generaciones, que presenta y reinterpreta. Desde esta perspectiva, enseñar es una forma de preservar sin paralizar, de actualizar sin destruir. Practicar la enseñanza, por tanto, exige situarse en esa línea de continuidad implicada con el presente: una pedagogía que recuerda, que recrea y que forja.

Volver a practicar la enseñanza en el sentido que este capítulo ha defendido exige algo más que buena voluntad. Implica una transformación cultural, institucional y ética. Cultural, porque necesitamos resignificar qué es enseñar y qué se espera de un buen profesor; institucional, porque las escuelas y facultades de Educación deben crear las condiciones para que la enseñanza tenga sentido; y ética, porque sin una apuesta decidida por poner en valor (simbólica y materialmente) el trabajo de los profesores, cualquier esfuerzo será en vano. Practicar la enseñanza, como hemos visto, no es repetir rutinas ni aplicar recetas, sino comprometerse con un oficio que es, a la vez, exigente y frágil, técnico y moral, individual y colectivo. Una forma de estar en el mundo con otros, y de ayudar a otros a encontrar su manera de estar en él.

¿Estamos dispuestos a aceptar que hay cosas que vale la pena enseñar por sí mismas, más allá de su utilidad inmediata? ¿Estamos dispuestos a reconocer que hay formas de saber que humanizan, y que en eso reside su «rentabilidad»? ¿Que educar no es solo formar habilidades, sino presentar el mundo a quienes llegan nuevos a él? Estas preguntas, lejos de ser retóricas, son las que deberían orientar la acción educativa en tiempos de incertidumbre. Practicar la enseñanza es sostener, incluso (o, precisamente) contra corriente, que hay cosas que merecen ser enseñadas simplemente porque merecen ser conocidas.

II. HEREDEROS ANTES QUE CONSTRUCTORES

La crisis actual que atraviesa el carácter público de la educación está profundamente vinculada con la amenaza a las propias condiciones que la hacen posible. Está impulsada, entre otros factores, por las actuales tendencias hacia la privatización y mercantilización del sistema educativo, la creciente diversificación de los agentes que intervienen en su diseño y ejecución, y la adopción de nuevos modelos de gestión pública inspirados en lógicas empresariales. En el centro de esa crisis se encuentran dos afirmaciones fundamentales. La primera es que las prácticas de enseñanza (entendidas en el sentido de una habilidad artesanal, como se ha mantenido en el capítulo 1) deberían orientarse con mayor claridad hacia la transmisión, más que hacia la construcción autónoma del conocimiento. La segunda es que corresponde a los profesores asumir un papel activo como garantes de la disponibilidad democratizadora del saber. Para que la educación escolar pueda seguir siendo verdaderamente pública, necesita reafirmar su dimensión conservadora.

A lo largo del capítulo intentaré mostrar qué tipo de conservadurismo tengo en mente y por qué considero que este gesto es clave en el camino hacia la reparación de las promesas igualadoras y emancipadoras de la educación escolar. El enfoque adoptado será post-crítico y afirmativo, y empleará vocabularios conservadores como ejercicio para reexaminar un conjunto de prácticas de enseñanza que, a mi juicio, pueden contribuir a restaurar el carácter público de la escuela, entendida como institución comprometida con la transmisión de bienes comunes. Esta propuesta se presenta como un experimento que busca plantear, en palabras de Biesta[28], «un argumento progresista para una idea conservadora». Aun siendo plenamente consciente de los riesgos que implica esta toma de posición, creo que son los riesgos pedagógicos que vale la pena asumir en las condiciones actuales. Al final del capítulo, abordaré por qué este paso experimental, lejos de ser una regresión, puede abrir nuevas posibilidades para pensar la educación pública hoy.

La educación puede considerarse un bien público cuando se cumplen tres condiciones fundamentales[29]: (i) que esté financiada total o parcialmente con recursos públicos; (ii) que rinda cuentas tanto a la administración como al conjunto de la ciudadanía a través de mecanismos democráticos de control y evaluación; y (iii) que se sostenga en la convicción (y en el ideal) de la educación como bien común, concretamente como escolarización accesible y de calidad para todos. El problema de esto emerge cuando, como sucede en muchos contextos actuales, un sistema educativo puede presentarse formalmente como público por cumplir los dos primeros criterios, pero fracasa en el tercero. La escuela deja de ser verdaderamente para todos cuando no logra *redistribuir el conocimiento acumulado*, y esto ocurre, en gran medida, al dejar de lado las prácticas de enseñanza que históricamente han hecho posible su transmisión.

Vivimos inmersos en la época del imperativo de la innovación, del cambio constante, de la transformación permanente aplicada a los centros escolares y al trabajo docente. Es cierto que los profesores tienen la responsabilidad de preparar a otros para el futuro, un futuro que, en el mejor de los casos, se presenta como incierto. Esta incertidumbre ha impulsado una lógica educativa que parece obligada a moverse continuamente, adaptándose sin descanso a un porvenir siempre indeterminado. En este contexto, los sistemas educativos son interpelados una y otra vez a anticiparse, a adaptarse y a prepararse para lo que viene, de forma más rápida, más amplia y, supuestamente, más eficaz.

En mi opinión, esta lógica causa un daño que va más allá del plano discursivo, pues penetra en las prácticas de enseñanza y altera su capacidad de permanecer ancladas en el presente, de atender al pasado y de orientarse, de manera abierta e indeterminada, hacia el futuro. Los sistemas educativos actuales viven inmersos en la persecución de lo imposible, identificados en exceso con una visión unilateral del futuro. Pese a que ese futuro resulta, por definición, desconocido e incontrolable, se impone un horizonte normativo que obliga a las escuelas a hacer lo imposible para cumplir con la inverosímil promesa de «preparar para el futuro». Así, las promesas democratizadoras y liberadoras de la educación escolar se ven desplazadas por una retórica tecnocrática. La escuela se convierte en un dispositivo de autoengaño: un lugar donde se pierde de vista lo esencial del presente y se desprecia el pasado, cuya transmisión se considera irrelevante para afrontar los supuestos «retos del futuro». Pero ese futuro que se invoca no es un espacio abierto a lo posible, sino un mandato de actualización constante, de demolición de lo heredado, de reemplazo incesante. En él, nada se preserva ni se lega. La educación se transforma en un mecanismo de resistencia para *sobrevivir al presente*, mientras a los alumnos se les exige que abracen el cambio por el cambio mismo, como si ahí radicara el sentido de toda experiencia formativa.

Esta tendencia a desconfiar en la transmisión no surgió de la nada. Es el resultado de una serie de desplazamientos históricos, culturales y epistemológicos que han alterado nuestra comprensión del saber y del sujeto que aprende. Desde la exaltación romántica de la creatividad individual hasta la consolidación de modelos tecnocráticos de educación por competencias, pasando por la expansión del constructivismo pedagógico más simplificado, la figura del profesor como transmisor ha sido lentamente erosionada. En lugar de ser visto como un mediador entre generaciones, el profesor se ha convertido en un facilitador, un diseñador de ambientes, un acompañante. Aunque no todo en esta transformación ha sido negativo, lo cierto es que la desaparición del gesto de la transmisión ha producido un vaciado simbólico de la educación. Recuperar la transmisión no significa volver atrás, sino devolverla al presente como tarea fundamental de la educación escolar, una función que sigue siendo necesaria.

¿CONSTRUIR O TRANSMITIR?

La relación pedagógica entre profesor y alumno se ve cada vez más desplazada por una lógica de pseudo-construcción del conocimiento, presentada como proceso autónomo, creativo y desvinculado de toda herencia. Sin embargo, si, como sostengo en este capítulo, restaurar el carácter público de la educación implica mantener viva la promesa democratizadora de «todo el conocimiento para todos», entonces el conocimiento no puede ser únicamente autoconstruido; debe ser, ante todo, transmitido. Estoy convencida de que esto es, precisamente, lo que hacen muchos profesores hoy: sostener, con discreción y constancia, un esfuerzo por transmitir aquello que consideran valioso, aquello que han llegado a conocer y que merece ser compartido. Lo hacen, sin embargo, de manera casi clandestina, periférica, a menudo con cierta culpa o sensación de deslealtad hacia el discurso pedagógico dominante. Lo hacen apologéticamente, como si transmitir se hubiera convertido en un gesto ideológicamente sospechoso. Por supuesto, al señalar esto, no me refiero a las teorías constructivistas en su formulación original. Creo que vale la pena seguir leyendo y retomando pedagógicamente las ideas de Piaget, Vygotsky o Bruner. El problema no reside tanto en sus propuestas como en las traducciones simplificadas y dogmáticas que han cristalizado en determinadas prácticas docentes, desvirtuando su complejidad y su sentido formativo. Esto es, precisamente, lo que ocurre en las versiones simplificadas y popularizadas del constructivismo, las cuales están también en el origen de lo que Meirieu ha denominado la disputa contemporánea entre «hiperpedagogos» y «antipedagogos»[30].

Cuando contrapongo transmisión y construcción, no debe interpretarse que «transmisión» equivale a imposición. Utilizo el término en un sentido más elemental y fundamental: entregar un mensaje. La afirmación de la conexión profunda entre enseñanza y transmisión (siempre que se entienda la enseñanza como realización de la educación pública, es decir, como puesta a disposición de los bienes comunes del saber para todos) no conlleva la adhesión a una metodología particular. La transmisión, tal como la entiendo aquí, pertenece más al ámbito de los motivos docentes; es una expresión del tipo de vínculo afectivo con el mundo que lleva a muchos a dedicarse a la enseñanza. Una razón para enseñar algo a alguien es tener algo que vale la pena compartir (una idea, un valor, un descubrimiento, un hecho, un artefacto) y sentir la necesidad, el deseo, incluso la urgencia de entregarlo, de hacerlo público mediante el acto de compartir. En este sentido, la transmisión constituye un gesto fundamental para que los profesores puedan compartir el mundo con sus alumnos. Es por ello por lo que esta concepción de la transmisión no debe confundirse con la crítica del pedagogo brasileño Paulo Freire a la «educación bancaria», ni mucho menos con una negación de la igualdad antropológica fundamental entre profesor y alumno. La diferencia entre ambos no es ontológica, sino posicional: el profesor y el alumno ocupan lugares distintos, pero esos lugares son temporales, contextuales e intercambiables por definición. Que me detenga aquí a aclarar qué quiero decir con «transmisión», antes incluso de desarrollar su alcance, da cuenta de la mala reputación que este término ha acumulado con el tiempo. Y, sin embargo, en coherencia con el espíritu restaurativo y conservador de este libro, quizás haya llegado el momento de reexaminar afirmativamente a algunos de los grandes «villanos» del relato pedagógico reciente. Entre ellos, la transmisión merece sin duda una segunda mirada.

Para ello, me serviré de la fascinante reconstrucción de las razones que nos han llevado del modelo de una escuela centrada en la transmisión a otro orientado al aprendizaje, desarrollada por Blais, Gauchet y Ottavi[31] en la que identifican cinco fundamentos del acto de transmitir. Nombrarlos puede ayudarnos a delimitar con mayor precisión el tipo de restauración que propongo.

En primer lugar, la transmisión está enraizada en nuestra condición temporal e histórica, pues «vive del peso de quienes nos preceden». Aprender algo supone siempre una forma de deuda con aquellos que lo aprendieron antes. En este sentido, los profesores son los portavoces de esa precedencia, y los mejores profesores son aquellos que encarnan con mayor hondura ese doble movimiento de asimilación y restitución. En su campo de conocimiento, representan «la relación justa con el pasado, el dominio de su herencia que le permite añadir, inventar y romper con él siempre que sea necesario»[32]. Incluso en la forma más individualizada del aprendizaje, lo que se experimenta es la apropiación de algo que otros ya poseen. Por eso, concluyen los autores, «siempre existe objetivamente transmisión»[33].

El segundo fundamento de la transmisión tiene que ver con la naturaleza irreductiblemente misteriosa del conocimiento, lo cual implica el carácter iniciático de su comunicación. Para acceder a saberes más complejos y elaborados, es indispensable haber recibido previamente los lenguajes que los expresan (ya sean literarios, históricos, químicos o matemáticos). Sin embargo, vivimos en una época marcada por la descalificación de todo conocimiento que suponga cierta dependencia respecto de los saberes acumulados, y se ensalzan, en cambio, aquellos que supuestamente el individuo puede apropiarse por sí solo, a partir de sus capacidades racionales.

El tercer fundamento señala la dimensión personal del conocimiento. Es también, según los autores, el «hogar de su dificultad en tanto que arte»[34]. Por grande que sea la curiosidad de alguien hacia un campo del saber, siempre necesitará el acompañamiento de otro para atravesar las resistencias y dificultades que surgen en el proceso. Ese acompañamiento no consiste simplemente en proporcionar información o desarrollar una habilidad concreta, sino en «exorcizar los afectos contrarios y liberar aquellos que lo hagan avanzar, empezando por el placer de pensar»[35]. Se trata de acompañar en el paso del deseo de conocer al deseo de estudiar.

Los dos últimos fundamentos remiten a la dimensión simbólica que atraviesa toda adquisición de conocimiento. Los profesores encarnan esta dimensión de forma palpable, ya sea a través «del poder de la palabra, del papel de la donación o de la inserción en un linaje»[36]. Aprender es, siempre, una forma de recibir, incluso en los casos en los que el aprendizaje se produce en soledad, porque, en última instancia, recogemos frutos del conocimiento que otros conquistaron, establecieron o desarrollaron. El conocimiento existe para ser dado, porque en rigor no le pertenece a nadie: es una obra colectiva, destinada a perdurar, que genera un vínculo de cercanía y de pertenencia entre quienes lo comparten.

Conviene recordar, además, que lo que se transmite no es solo conocimiento formal o conceptual. También se transmite una relación con el lenguaje, una sensibilidad hacia lo importante, una manera de estar en el mundo. La transmisión no se limita al contenido; abarca también la forma en que ese contenido es encarnado, dicho, ofrecido. Por eso, el cuerpo del profesor, su tono, su estilo, sus rituales, son también portadores de sentido. Transmitimos no solo lo que sabemos, sino lo que amamos. Y ese amor, como energía formativa, es quizás el núcleo más difícil de sistematizar, pero también el más decisivo.

En un contexto dominado por el imperativo del futuro, la centralidad del individuo y la utilidad profesional del conocimiento no resulta difícil comprender por qué la educación escolar tiende a desatender los fundamentos de la transmisión que acabamos de revisar. Sin embargo, el precio de esta omisión es alto: el ideal del aprendiz autónomo eclipsa el movimiento previo, e ineludible, de la transmisión que hace posible cualquier apropiación significativa del saber. Frente a esta *unilateralización* de la escuela (obsesionada con mirar hacia adelante, atrapada en una lógica de innovación y cambio constante), propongo recuperar las promesas democratizadoras y potencialmente emancipadoras de la educación escolar a través de un examen de ciertas prácticas de enseñanza. En particular: conservar, legar y desear. Considerar estas acciones como gestos pedagógicos productivos nos permite recuperarlas como herramientas de resistencia creativa, capaces de devolver a la educación escolar su dimensión pública y su vocación común.

CONSERVAR LO HEREDADO

Tal como señaló Hannah Arendt[37], educar consiste en transmitir entre generaciones aquello que merece ser conservado en nuestro mundo. Desde esta perspectiva, las prácticas de enseñanza en las escuelas son, en esencia, una empresa conservadora. Esta afirmación, lejos de sugerir inmovilismo, constituye uno de los principios fundamentales del «Manifiesto por una pedagogía post-crítica»[38]. Si somos capaces de trascender, o al menos de suspender momentáneamente el paradigma crítico y sus automatismos intelectuales, se abren caminos para pensar una pedagogía que restaure las promesas de la educación a través del cuidado de sus prácticas de conservación.

El cultivo de este gesto conservador es hoy tan infrecuente en los centros escolares que, paradójicamente, como veremos más adelante, es *fuera* de la escuela donde pueden encontrarse algunas de las razones más elocuentes para recuperarlo y devolverle su dignidad, en un tono no nostálgico, sino edificante.

Cuando se relaciona con la naturaleza, el mundo occidental tiende a adoptar un enfoque conservacionista, frecuentemente acompañado de una lógica clasificatoria. Esta actitud se expresa, por ejemplo, en el patrocinio de exploraciones científicas y en la creación y mantenimiento de museos y colecciones de historia natural. Un caso ejemplar es el del Museo Nacional de Ciencias Naturales de Madrid, actualmente adscrito al Consejo Superior de Investigaciones Científicas. A pesar de contar con una financiación modesta en comparación con instituciones similares de otras grandes capitales, el museo ofrecía sobre uno de sus paneles de exposición hace unos años algo especialmente significativo: una justificación pública y razonada de su propia existencia. Su misión conservacionista se articula a través de una serie de principios generales que explican y legitiman su propósito institucional. El Museo articula su misión conservacionista en torno a una serie de principios que ofrecen una justificación profunda, plural y pública de su existencia. Estos principios pueden leerse como una defensa de la conservación no solo biológica, sino también cultural y educativa, y abren la posibilidad de pensar lo escolar como espacio análogo: lugar donde preservar y legar lo valioso a pesar de su aparente inutilidad. Son los siguientes: (i) Principio ético: la existencia de la vida es, estadísticamente, una rareza cósmica. Cada forma viviente es el resultado de una suma de improbabilidades acumuladas durante millones de años. Por eso, conservar lo que existe tiene sentido en sí mismo: porque existe, y porque salvar su existencia es, en sí, un acto ético. (ii) Principio estético: la vida es bella, y la naturaleza es su fuente originaria. Cada fragmento de biodiversidad encierra una porción de belleza, y toda belleza, por humilde o discreta que sea, merece ser preservada. (iii) Principio de complementariedad: las especies no existen aisladas. Son engranajes de un entramado complejo que hace posible los ciclos de la vida. Como buen mecánico que cuida cada pieza de una máquina, conservar cada especie implica cuidar el sistema del que forma parte. (iv) Principio de precaución: la historia de la evolución ha mostrado que lo aparentemente inútil puede revelarse como decisivo. Lo superfluo, lo que hoy no «sirve para nada», puede contener la clave de la supervivencia futura. La conservación es, así, una forma de humildad frente a lo desconocido. (v) Principio científico: cada especie es un enigma. Su genoma, moldeado durante millones de años, encierra respuestas a preguntas que tal vez aún no hemos formulado. Preservar una especie es conservar una posibilidad de saber. (vi) Principio del conocimiento: incluso una especie aún desconocida puede contener soluciones para problemas que todavía no hemos descubierto. El conocimiento acumulado, incluso aquel sin aplicación inmediata, es la base del progreso humano. Conocer, aunque sea sin utilidad visible, siempre es mejor que ignorar. (vii) Principio económico: para los escépticos de los argumentos anteriores, conviene recordar que buena parte de nuestra alimentación, nuestros medicamentos y nuestros materiales más esenciales provienen de especies que, en algún momento, fueron silvestres. La biodiversidad está en la base de los servicios que los ecosistemas prestan a la humanidad. Conservar tiene sentido, también, porque es útil.

Es cierto que los museos no se dedican únicamente a conservar. Investigan, interpretan, exhiben, educan. Pero, aun así, ¿acaso podemos imaginar un museo que no asuma, al menos en parte, la tarea de conservación? Resulta difícil, si no imposible. El punto clave es que museos y escuelas comparten una misión pública fundamental: la conservación del patrimonio, no solo para mostrarlo o exhibirlo, de modo que pueda ser admirado, sino para que cada persona tenga la posibilidad de *apropiarse intelectualmente* de él. Y, sin embargo, esta dimensión conservadora de la escuela es precisamente la que más está siendo desatendida. Cada vez es más difícil para centros y profesores asumir esa tarea con claridad, y cuando lo hacen, lo hacen sin comprender que allí reside el núcleo mismo de su *función pública*. Recuperar ese carácter pasa, necesariamente, por una práctica de enseñanza que, comprometida con las promesas democratizadoras de la escolarización, asuma una actitud *conservacionista* respecto a los objetos culturales que conforman el currículum, así como hacia los rituales cotidianos de la vida en el aula a lo largo del curso escolar.

En comparación con un museo, la escuela presenta una serie de particularidades que subrayan, de forma aún más elocuente, la dimensión conservadora de las prácticas de enseñanza. Prestar atención a estas diferencias permite delinear con mayor precisión en qué consiste ese gesto de conservación propio del trabajo escolar. A diferencia del museo (estrechamente vinculado al turismo cultural y a las visitas ocasionales), la escuela no es un lugar que se visita, sino un espacio de asistencia regular y, en la mayoría de los casos, obligatoria desde hace décadas. El profesor, en este contexto, es el guardián que espera cada mañana y comprueba que su grupo permanece intacto, que nadie falta. Mientras que el museo expone contenidos con fines de difusión, el objetivo de la escuela es la alfabetización: no basta con mostrar, es necesario iniciar. Aquí, el profesor no solo conserva el contenido, sino también las claves necesarias para traducirlo. Curso tras curso, se convierte en mediador entre lo que está ahí y lo que debe llegar a ser comprendido. Asimismo, aunque ambos son espacios públicos, el museo es un lugar de paso, mientras que la escuela es un destino cotidiano: se habita durante horas, jornada tras jornada. Las aulas son espacios intermedios, a medio camino entre lo público y lo privado, donde el profesor es responsable de mantener un entorno reconocible para todos, una atmósfera compartida. Por último, en el museo reina el anonimato: el visitante llega y se va sin dejar huella. En cambio, en la escuela, todo el mundo es alguien: todos son conocidos y esperados. No hay visitas sorpresivas. El profesor actúa como anfitrión de una comunidad cotidiana, donde cada alumno figura en una lista que no se improvisa: una comunidad que hay que cuidar y conservar, precisamente porque no es efímera.

Para comprender el tipo de conservación del que aquí se habla, no basta con imaginar museos o archivos. También hay que pensar en las aulas reales. La escena cotidiana de una clase (un profesor que recita un poema, que explica una ley física, que inicia una conversación difícil) es una forma viva de archivo. En esas escenas se actualizan, se recrean y se transmiten herencias culturales que, de otro modo, podrían perderse. El aula es, en ese sentido, un lugar donde lo viejo y lo nuevo se tocan. No es un espacio neutral, sino un escenario de *encuentro intergeneracional* mediado por la palabra, el cuerpo y la presencia.

LEGAR LO RECIBIDO

La conservación, como gesto educativo, posee tanto bienes internos como externos que pueden rastrearse, como hemos visto, en los principios que guían al Museo Nacional de Ciencias. Sin embargo, la conservación pierde sentido si no se acompaña de la posibilidad de entregar, de legar a otros aquello que se considera valioso. Y pierde aún más su significado si se desconecta del potencial de renovación que las nuevas generaciones pueden traer consigo y de la llamada a la responsabilidad que dicha posibilidad implica. Es, de hecho, la conciencia de que hay una nueva generación por venir lo que mueve a la anterior a custodiar lo que cree digno de ser transmitido. Conservamos las cosas precisamente porque pueden ser legadas, porque pueden ser recibidas por quienes llegan con la capacidad (y el derecho) de hacer algo nuevo con ellas. Vlieghe y Zamojski han formulado esta idea de manera elocuente: «Un encuentro intergeneracional durante el cual la generación actual pasa el 'viejo' mundo a los recién llegados; por amor a nuestro mundo común, pero también por amor a la nueva generación. A su vez, esto brinda la oportunidad de traer nuevos comienzos a este mundo»[39].

En el trasfondo de mi propio interés por este motivo pedagógico de Hannah Arendt se encuentra también la obra seminal de Fernando Bárcena, especialmente su lectura sobre la natalidad en el pensamiento de Arendt[40]. En este sentido, las obras del filósofo francés François-Xavier Bellamy resultan especialmente iluminadoras al considerar el legado como una práctica docente fundamental: una forma de poner los bienes comunes de la educación a disposición de todos, sin exigirles que empiecen de cero, pero sin condicionar lo que puedan llegar a hacer con lo heredado. Centrarse en su aclamado libro *Les déshérités ou l'urgence de transmettre* permite captar con claridad esta perspectiva. No obstante, las ideas desarrolladas en *Demeure. Pour échapper à l'ère du mouvement perpétuel* resultan también de gran interés[41].

Las reflexiones de François-Xavier Bellamy parten de su experiencia como aspirante a profesor de filosofía en la educación secundaria francesa, durante su formación en un Instituto Universitario de Formación del Profesorado (IUFM, por sus siglas en francés), centros dedicados a la preparación pedagógica y didáctica de futuros profesores en el sistema educativo francés. Allí se le advirtió, con el tono de una verdad pedagógica incuestionable, que «no hay nada que transmitir», ya que la transmisión sería, en el mejor de los casos, un acto de reproducción elitista y, en el peor, una forma de violencia simbólica ejercida sobre los alumnos menos familiarizados con el lenguaje escolar. Frente a ese diagnóstico, Bellamy sintió un profundo desconcierto que lo impulsó a emprender una búsqueda de las razones auténticas por las que seguir enseñando. A ese malestar inicial se sumó la conciencia de que los errores colectivos en educación tienen una naturaleza distinta a los de otras empresas humanas. Su escala es más profunda, y sus consecuencias, más difíciles de revertir. Como él mismo señala: «el saber que no ha sido enseñado, las referencias que no han sido dadas, ¿quién las reinventará?»[42]. En este contexto, Bellamy afirma que el patrimonio cultural «solo se protege cuando se comparte»[43]. La posibilidad misma de un legado público es lo que convierte la herencia cultural en algo vivo: una «herencia viva, abierta a una multiplicación infinita», pero precisamente por eso, también infinitamente frágil. «Nuestro patrimonio muere cuando no se transmite. Nuestra cultura y, con ella, nuestra propia humanidad, morirán por nuestra ingratitud»[44]. Esta advertencia no desemboca, sin embargo, en un lamento nostálgico, sino en un análisis lúcido del proceso por el cual se ha erosionado la legitimidad de la transmisión. El cuestionamiento contemporáneo de la responsabilidad social de transmitir es «el resultado de un trabajo mediado, duradero y explícito»[45]. A la cabeza de ese trabajo se encuentran tres grandes intelectuales cuyas obras han dejado una marca indeleble: Descartes, Rousseau y Bourdieu. Cada uno, a su modo, habría contribuido a desacreditar la transmisión como práctica legítima. Y entre los tres habrían articulado (con diferencias, pero también con efectos acumulativos) una suerte de pecado original pedagógico: la transmisión como culpa.

Comenzando por Descartes, la transmisión aparece como un defecto del pensamiento, un obstáculo para el verdadero conocimiento. A los treinta y ocho años, y ya profundamente desilusionado con su formación, el propio Descartes se describe en las primeras páginas de su *Discurso del método* como alguien que, tras años de estudio y lecciones recibidas, no ha hallado más que «un fárrago de doctrinas oscuras, complicadas e inciertas»[46]. Ninguna doctrina logra su adhesión, ninguna disipa realmente la confusión reinante en el orden del pensamiento. Para él, los libros son promesas incumplidas, e incluso una forma de enfermedad: una deformación de la naturaleza humana. La única salida posible es retornar a la luz natural de la razón individual: «Elijamos totalmente solos nuestro propio camino. Solo las ideas que nuestra razón haya producido por sí mismas serán claras y distintas y, por ello, indudables»[47]. Con esta toma de posición, Descartes lanza un llamamiento al hombre moderno: debe emprender una destrucción interior de «los sedimentos de la tradición»[48] y reemplazarlos por la obra ordenada de la razón. No debe recibirse nada del pasado; toda herencia ha de ser sospechosa. El gesto fundacional de la modernidad cartesiana es, por tanto, un rechazo radical a la transmisión: la idea de que el saber ha de originarse desde cero en cada individuo, sin contaminación de lo heredado.

Por su parte, el proyecto educativo de Rousseau se estructura en torno a la necesidad de preservar al niño de toda influencia externa, garantizando su soledad y ejerciendo un control máximo sobre cualquier forma de mediación cultural o tentación reflexiva que pudiera perturbar su desarrollo natural. Lo ideal sería, en sus propias palabras, «no enseñar nada a los niños, guardarían la inocencia que envidiamos en ellos»[49]. Por ello, el tutor debe parecerse lo menos posible a un padre: su función no es transmitir, sino contener, aislar. «Más vale la pureza de la ignorancia que la alienación de la transmisión»[50]. Rousseau extiende su crítica a uno de los símbolos más representativos de la transmisión: el libro. La palabra escrita, en su opinión, nos aleja de la experiencia directa y nos introduce en la abstracción de un discurso desligado de lo real. De ahí que, al final de su educación, Rousseau mantuviera tan escaso contacto con los libros, considerados peligrosos precisamente por su capacidad de sustituir la vivencia inmediata por representaciones mediadas. «Los libros nos alejan de la experiencia directamente vivida y nos hacen entrar en la abstracción de un discurso desligado de lo real»[51]. En este contexto, la libertad solo es posible en un estado natural de ignorancia, y el contacto con la palabra escrita (y, por extensión, con la cultura que los libros transmiten) se convierte en una amenaza. Cuando la transmisión cultural no aporta ningún beneficio al niño, surge inevitablemente la sospecha de que dicha transmisión no se realiza *por* el niño, sino *a costa* de él. ¿Quién se beneficia entonces de esa mediación?

Esta pregunta es la que se plantea, de forma sistemática y radical, el tercer gran autor en esta breve genealogía intelectual del desprecio por el patrimonio cultural que traza Bellamy: Pierre Bourdieu.

Para él, la cultura que se transmite en la escuela es esencialmente arbitraria: no responde a un valor intrínseco, sino que «sirve, enteramente, para aprender a hacer distinciones»[52]. Esas distinciones, lejos de ser inocuas, cumplen la función de establecer jerarquías simbólicas que refuerzan y legitiman desigualdades preexistentes. En este sentido, la escuela se convierte en una institución que reproduce el capital cultural de las élites, actuando como un aparato de *violencia simbólica* cuya misión es seleccionar, excluir y clasificar. «La escuela elimina, expulsa, encierra. Pero es violenta especialmente porque no se contenta con condenar: además, exige al condenado que consienta su condenación»[53]. Bourdieu denuncia también el carácter ficticio del mecanismo escolar: la ilusión meritocrática que sustenta su legitimidad. En su lugar, propone una pedagogía más racional (y, por tanto, más honesta) orientada a preparar al alumno para el mercado laboral, abandonando cuanto antes el rol de «estudiante». La escuela, al hacer creer que la cultura que transmite tiene valor por sí misma, impide a los alumnos desfavorecidos desarrollar la lucidez pragmática que les permitiría comprender las verdaderas reglas del juego. Les priva así de adoptar estrategias eficaces para enfrentar «el combate por el capital económico»[54].

En este modelo teórico, el profesor que aún cree en la enseñanza como transmisión se encuentra encerrado en una figura trágica: culpable por definición, sin posibilidad de redención. Enseñar, calificar, ganar autoridad: todo eso se vuelve sospechoso. El profesor queda reducido a una pieza más del engranaje institucional que reproduce las desigualdades, convertido en sirviente inconsciente del aparato de violencia escolar. Despojado de su capacidad de legar, es empujado a abandonar su lugar, a desaparecer por la puerta de atrás del aula.

DESEAR LO TRANSMITIDO

Cualquiera que haya recibido una herencia material sabe que existe un momento muy concreto en el que uno debe decidir (¡y firmar!) si la acepta o la rechaza. Aceptar una herencia no es un acto neutro: implica también asumir sus deudas, sus cargas, como un gesto definitivo de responsabilidad (y, en muchos casos, de amor) entre generaciones. Ahora bien, también es posible rechazar una herencia, y esta posibilidad no es ajena al ámbito educativo: nuestras invitaciones a compartir el mundo pueden no ser aceptadas. Pero tal aceptación solo es posible si ha habido, previamente, un despertar del deseo: el deseo de legar por parte de quien entrega, y el deseo de recibir por parte de quien hereda. Las herencias no se asumen por mandato externo, ni por cumplimiento de una obligación formal. Se asumen porque algo en ellas despierta el deseo de posesión, porque generan la voluntad de hacerse cargo. No hay garantías. Solo hay deseo. Para explorar más a fondo esta práctica del desear (de despertar el deseo de aprender y enseñar) recurro a la figura del psicoanalista italiano Massimo Recalcati y a su redescripción de la «erótica de la enseñanza», una noción que, insiste, sigue siendo posible incluso bajo las condiciones actuales.

A través de la lente del psicoanálisis, Massimo Recalcati examina el declive contemporáneo de la transmisión del conocimiento y reflexiona sobre el lugar insustituible que aún puede (y debe) ocupar el profesor en el milagroso encuentro que ocurre en el aula. La tesis central de su obra *La hora de clase*[55] es clara: «lo que perdura de la Escuela es el papel insustituible del profesor», cuya función consiste en «abrir al sujeto a la cultura», haciendo posible «el encuentro con la dimensión erótica del conocimiento»[56]. Frente a esta concepción, la lógica del mercado, en clave neoliberal, impone un imperativo de disfrute inmediato. Se reemplaza así la satisfacción diferida del deseo (entendida como aquella que opera mediante la sublimación y sobre la que se ha construido históricamente nuestra cultura) por la lógica consumista de lo instantáneo. En nombre de esta nueva racionalidad, se impone una pedagogía que reduce la escuela a una empresa, orientada a producir habilidades eficientes, útiles y adaptadas al propio sistema que la demanda.

Siguiendo a Lacan, Recalcati diagnostica una pérdida de la función paterna, entendida como aquella instancia simbólica que, junto al profesor, sostenía el lazo entre generaciones. La Ley, como principio ordenador, ha sido sustituida por una lógica de oferta y demanda que desplaza los símbolos hacia los extremos imaginarios. Los padres, más ansiosos que autoritarios, renuncian a su papel y se alinean con sus hijos frente a los profesores, debilitando así la alianza educativa que antaño compartían.

Afirma Recalcati que el problema de la escuela «no es la mirada panóptica del vigilante que identifica y reprime, castigando las diferencias subjetivas respecto a un ideal normativo, sino más bien su dramática evaporación, el riesgo de extinción en el que se halla»[57]. Y este fenómeno es paralelo al debilitamiento de la figura paterna en el orden simbólico. Lo que está en juego es una ruptura en la cadena de transmisión entre generaciones. A la precariedad social y económica de quienes aún intentan sostener esa tarea, se suma ahora una precariedad simbólica: la palabra del profesor ya no tiene peso. Ha sido desplazada por la cacofonía constante de dispositivos multimedia, teléfonos móviles y plataformas digitales, que saturan la atención de los alumnos. Recalcati se refiere a este fenómeno como un «totalitarismo blando, narcotizador o excitante, que reduce el pensamiento crítico aprovechando la función hipnótica ejercida por los objetos de goce que han invadido la vida de nuestros jóvenes»[58]. Ya no hay texto que leer ni esfuerzo interpretativo que sostener, sino solo fragmentos desconectados, fácilmente aplicables, pero vacíos de profundidad. En este escenario, mantener vivo el deseo de enseñar, y de sostener la palabra propia como fuente de transmisión, se vuelve cada vez más difícil.

De forma análoga a lo que ocurre con el profesor, para que haya un alumno verdaderamente en disposición de aprender, debe existir en él un *deseo de conocimiento*. Como afirma Recalcati, «sin el deseo de conocer no hay posibilidad de aprendizaje subjetivo del conocimiento; sin transferencia, sin éxtasis, sin erotización, no hay posibilidad de un conocimiento conectado con la vida, capaz de abrir puertas, ventanas, mundos»[59]. Pero para que este deseo pueda activarse, es necesario un paso previo: alejarse de la lengua materna, abandonar el seno familiar, que al mismo tiempo facilita y obstaculiza el proceso de separación. Solo ese distanciamiento simbólico permite el vuelo hacia otros horizontes, más allá del autoerotismo y del deseo incestuoso de fusión con lo familiar. En el sujeto dispuesto a aprender, ese exilio simbólico de la Cosa (ese objeto totalizante, absoluto) ya ha tenido lugar. Sus referentes familiares han sido atravesados por el mandato de la Ley, lo cual hace posible que su vida libidinal se oriente hacia otros mundos, otras prácticas, otras actividades cargadas de sentido. En este contexto, el lugar del profesor ya no es el del maestro-amo, figura omnisciente que encarna la última palabra sobre el sentido de la vida, sino el del maestro-testimonio, aquel que sabe abrir mundos mediante el poder erótico de la palabra y del saber que esta es capaz de vivificar. Por su propia naturaleza, la escuela obligatoria no anula el deseo, pero sí lo redirige: separa al sujeto de la constelación familiar y lo inicia en una socialización más amplia, ensanchando su campo simbólico, alejándolo progresivamente del círculo íntimo que hasta entonces le había dado forma. En este proceso, el sujeto puede, por fin, encontrar una palabra nueva, sostenida entre otras, que lo ancle al mundo común. «La Escuela obligatoria marca el necesario alejamiento del sujeto de su familia y su posible encuentro con otros mundos: es la obligación del exilio, de la transición de la lengua madre a la lengua del alfabeto o a otras lenguas»[60].

Durante la hora de clase, los deseos se entrelazan: el deseo de enseñar y el deseo de aprender; el deseo de transmitir un legado y de recrearlo; el deseo de recibir un mundo que oriente el deseo, más que simplemente informar o reformular lo ya sabido *ad nauseam*. Sin deseo, no hay transmisión: solo hay imposición. Y la imposición no despierta el deseo hacia el objeto impuesto, sino incomprensión, desinterés, e incluso una necesidad de huir. Como sostiene Recalcati, para que exista un aprendiz, debe haber un erotismo de la palabra: un deseo apasionado por el objeto de conocimiento, una energía libidinal que haga de la transmisión un acto vivo, no una entrega inerte de datos. La clase no es un almacén ni un vehículo de información; es un lugar de encuentro, donde la palabra se vuelve acontecimiento. Hoy, sin embargo, esa palabra formativa corre el riesgo de banalizarse. El deseo de enseñar se ve debilitado, eclipsado por entornos saturados, fragmentados, donde la palabra del profesor resulta cada vez más difícil de escuchar y desentrañar. «Los verdaderos maestros no son los que nos han llenado la cabeza con un saber preconstruido y, por lo tanto, ya muerto, sino los que han practicado en él algunos agujeros para contribuir a suscitar un nuevo deseo de conocer»[61].

En contraste con la *Escuela de Edipo*, derribada tras las revueltas del 68, y con la *Escuela de Narciso*, definida por la ausencia simbólica del padre, Recalcati propone recuperar la figura de una *Escuela de Telémaco*: aquella que restablece la diferencia generacional y reivindica al profesor como figura central en el proceso de erotización simbólica del mundo. «La clase genera cuerpos eróticos de los objetos del saber, pero su efecto se extiende más allá del saber, generando libros de los cuerpos, transformando el cuerpo de la amada en un libro»[62]. Enseñar, en este sentido, consiste en persuadir al sujeto para que salga de sí mismo, para que formule sus propias preguntas y trace un camino singular en el seno de un legado colectivo. El gesto del profesor es, entonces, el de quien sabe «convertir los libros en cuerpos eróticos»[63], quien transforma el saber en objeto de deseo, amplía el horizonte del mundo, y transporta la vida hacia territorios aún no explorados, más allá de lo ya visto o de lo ya sabido. Este erotismo de la palabra, este amor por la enseñanza que despierta el deseo, es lo que permite que se produzcan encuentros afortunados en el aula, que se generen y abran horizontes culturales, y que cada sujeto encuentre, en esa transferencia, un lugar más personal e íntimo para su propia palabra.

Si el deseo es tan central en la experiencia educativa, cabe preguntarse, ¿por qué parece tan frágil en las condiciones actuales? Parte de la respuesta tiene que ver con el contexto institucional: horarios fragmentados, cargas administrativas, presión por resultados. Pero también existen formas más sutiles de resistencia al deseo. En ocasiones, el profesor se protege del deseo porque teme no estar a la altura, o porque ha sido herido por años de indiferencia. Desear enseñar (y enseñar deseando) implica una cierta *vulnerabilidad simbólica*: se ofrece algo sin garantías. Recalcati lo señala con claridad: el deseo educativo no es nunca un contrato asegurado, sino un salto hacia lo posible. Pero ese riesgo es también la fuente de su potencia.

VOCABULARIOS CONSERVADORES: POR UNA EDUCACIÓN PÚBLICA

Las prácticas a las que me he referido a lo largo de este capítulo (conservar lo heredado, legar lo recibido, desear lo transmitido) no deben entenderse, en ningún caso, como una denuncia del presente ni como una reivindicación nostálgica del pasado. Las propongo, más bien, en clave de redescubrimiento: como un intento de reanudar estas prácticas y de resituarlas en el centro de la experiencia de enseñar, bajo una mirada afirmativa. Se trata, en términos de Richard Rorty, el filósofo norteamericano del pragmatismo contemporáneo, de un gesto edificante: una forma de estudiar nuestros problemas para entender mejor nuestras presentes circunstancias y crear descripciones nuevas que puedan ayudarnos en el camino de exploración para superar nuestras dificultades actuales. Estas prácticas, en su modesta materialidad, poseen un potencial restaurador. No en el sentido de restaurar un orden perdido, sino en el de revitalizar la dimensión conservadora de la tarea educativa de los profesores, devolviéndoles su lugar como mediadores, testigos y transmisores de un mundo que vale la pena compartir.

Al comparar museos y colegios para reflexionar sobre la práctica de la conservación, he querido presentar los segundos como espacios más seguros que los primeros. Sin embargo, esto no significa en absoluto que las escuelas estén exentas de peligros. Un museo puede ser, por ejemplo, un lugar seguro para encontrarse con alguien a quien apenas se conoce; en cambio, la escuela puede convertirse en un entorno profundamente inseguro para un niño que convive a diario con el acoso de un compañero (y donde, a veces, el profesor permanece ciego ante ese sufrimiento). Tanto los museos como los colegios han sido objeto de críticas sobre sus orígenes, sobre las formas en que reproducen relaciones de poder y sobre cómo se relacionan con el pasado y con la novedad. En muchos sentidos, son instituciones ambivalentes. Y es precisamente esa ambivalencia (el hecho de que estén atravesadas por preguntas abiertas, por tensiones no resueltas) lo que las hace tan interesantes. Volviendo al hilo de este capítulo, hay algo valioso en la orientación pública que ambas instituciones dan a su misión conservadora. Pero esto no las exime, sino todo lo contrario, de estar en permanente necesidad de renegociación crítica. En el caso de los colegios, esas renegociaciones encuentran una de sus formas más significativas en la práctica de enseñanza que abordábamos: legar lo recibido.

Como sucede en cualquier reconstrucción argumental, existe siempre la tendencia a simplificar lo complejo, a trazar líneas demasiado nítidas allí donde abundan las ambigüedades. Algo de esa linealidad está presente, sin duda, en la exposición que Bellamy hace de la tríada Descartes-Rousseau-Bourdieu. Su lectura plantea ciertos problemas, como su marcado sesgo afrancesado, o el hecho de que el propio Bellamy encarne aquello contra lo que Arendt nos previno con firmeza: el riesgo de instrumentalizar vocabularios conservadores con fines políticos. Si bien Bellamy fue profesor de filosofía, hoy es político profesional en el Parlamento Europeo, integrado en el Grupo del Partido Popular Europeo. No obstante, el ejercicio intelectual que propone (arriesgado, sí, pero fértil) consiste precisamente en volver a imaginar el carácter público de la educación a través de una lectura no dogmática de autores y conceptos tradicionalmente desprestigiados. Y es ese gesto el que hace que el experimento aquí recogido haya valido la pena. Nos ayudan a entender cómo ciertas ideas dominantes en el discurso educativo actual, tales como el constructivismo plano que idealiza al niño autodidacta, la desconfianza hacia toda influencia adulta, o la aspiración a sustituir los saberes culturales por competencias laborales, no surgen de la nada, sino que hunden sus raíces en tres grandes movimientos: el racionalismo moderno, el proyecto ilustrado de ciudadanía autónoma y la crítica sociológica a la cultura escolar como espacio de legitimación elitista.

El fenómeno del eclipse de la transmisión que, como se ha descrito, amenaza el carácter público de la educación escolar no es una invención reciente, sino el resultado de un largo proceso que comenzó con lo que se ha considerado durante siglos como un proyecto progresista. En su formulación más radical, este se define por una tensión constante hacia el futuro, sin reconocer nunca un punto de llegada que justifique detenerse. Como señala Bellamy, el progresismo «nunca cesará de mirar a lo real como lo que hay que superar y, por eso mismo, como lo que hay que despreciar»[64]. Cualquier innovación se vuelve obsoleta apenas se vuelve realidad: «hasta la más reciente es rápidamente desdeñada por el solo hecho de que ella ya es real»[65]. Así, el ritmo acelerado del progreso técnico va acompañado por una renuncia igualmente acelerada a lo que ya existe, lo que contribuye a debilitar los vínculos con el pasado y, con ello, los gestos de transmisión. Frente a esa deriva, conservar y legar pueden y deben ser reactivadas como prácticas de enseñanza con un profundo potencial restaurador: no para volver atrás, sino para recuperar las condiciones de posibilidad de una educación que vuelva a estar a la altura de su promesa pública.

El deseo constituye el tercer vértice del experimento de restauración. Aunque he centrado la atención en la descripción propuesta por Recalcati, él no es, ni mucho menos, el primero, ni será el último, en abordar la compleja relación entre educación y erotismo desde una perspectiva psicoanalítica. Autoras como Deborah Britzman, Sharon Todd o Ewa Plonowska Ziarek han desarrollado líneas de pensamiento fundamentales para una comprensión más profunda de lo que podríamos llamar una ética post-psicoanalítica en educación. Aunque no se examinan aquí en detalle, sus obras merecen una lectura cuidadosa por parte de cualquiera que busque explorar más a fondo este tema. Dicho esto, la orientación más marcadamente conservadora del enfoque de Recalcati (en el mejor sentido del término) hace que su trabajo resulte especialmente adecuado para el tipo de argumento que he tratado de desarrollar. Es importante advertir que su insistencia en despertar el deseo de saber en el alumno puede parecer, superficialmente, próxima a ciertas propuestas centradas en potenciar la motivación del estudiante. Pero no se trata de lo mismo. Como bien señala Gert Biesta, «el reto de intentar vivir la propia vida de una manera adulta consiste, precisamente, en no correr tras los propios deseos, sino en volver una y otra vez a la cuestión de si lo que uno encuentra en su interior como deseo es lo que *debería* desear»[66]. Del mismo modo, para Recalcati el problema no es simplemente desear, sino cómo se configura el objeto del deseo en el espacio educativo. La cuestión central es lo que el profesor presenta como deseable y cómo encarna la palabra para que esta sea capaz de generar en el alumno un deseo genuino de saber. El riesgo no está en la ausencia de deseo, sino en la desaparición de la palabra como vehículo simbólico de transmisión y orientación. Por eso, Recalcati nos advierte del riesgo de su evaporación, recordándonos al mismo tiempo que aún no es demasiado tarde para asumir el deseo como tarea educativa. El deseo de conocimiento puede llegar a interiorizarse como un valor personal duradero, siempre y cuando se viva como una verdadera recreación vital de aquello que se recibe. No es obediencia ni reproducción, sino apropiación transformadora de lo que se ha querido transmitir.

La reivindicación de ciertos vocabularios conservadores para restaurar el carácter público de la educación, tal como he propuesto aquí, es sin duda un experimento arriesgado. Implica exponerse a múltiples malentendidos: la sospecha de estar anhelando una escuela idealizada que nunca existió, el riesgo de caer en un tradicionalismo que considera que todo tiempo escolar pasado fue mejor, o incluso la tentación de romantizar la enseñanza como una interacción armónica y fantasiosa entre profesor, alumno y contenido. Existe también el riesgo, bien señalado por Narodowski en su crítica escéptica a las narrativas nostálgicas sobre el pasado y el futuro de la escuela, de convertirse en un «cazafantasmas de lo escolar»[67]. Sin embargo, es precisamente *porque* el riesgo de extinción de la escuela como la conocemos es real, y porque el carácter público de la educación está hoy gravemente amenazado, que este es el momento adecuado para asumir riesgos verdaderos: no para volver atrás, sino para imaginar modos nuevos y responsables de mantener los bienes educativos dentro del dominio común. Las tres prácticas examinadas (conservar lo heredado, legar lo recibido, desear lo transmitido) corren, por supuesto, el peligro de ser degradadas si se dejan en manos de un conservadurismo nostálgico, temeroso y regresivo.

Pero justamente por eso, deben ser practicadas con lucidez pedagógica y compromiso ético, evitando caer en posiciones de miedo al futuro o de rechazo del presente disfrazadas de amor por el pasado. Bien entendidas, estas prácticas no son gestos de repliegue, sino expresiones de *conservacionismo educativo creativo*: una manera de sostener lo que merece ser compartido, sin negar el dinamismo del presente ni el potencial transformador del porvenir. En este contexto, los profesores pueden desplegar una labor educativa plenamente situada en las tensiones de nuestro tiempo: sin ingenuidad ante las dificultades del presente, sin miedo ante lo que está por venir. Enseñar, entonces, puede y debe ser una forma de mostrar un verdadero amor por el pasado, un cuidado profundo por el presente y una esperanza activa en las posibilidades que habitan en las nuevas generaciones.

Tal vez, al final, podamos imaginar el aula como un taller de lo común: un espacio donde se conserva lo heredado, se lega lo recibido y se desea lo transmitido. No como rituales huecos, sino como prácticas de enseñanza con sentido. En un tiempo marcado por la fragmentación y la pérdida de vínculos, la enseñanza puede seguir siendo un acto profundamente ético y poético, un modo de decir: *esto merece ser compartido y confío en que tú harás algo con ello*. En ese gesto (mínimo y monumental) nos jugamos todavía la posibilidad de una educación verdaderamente pública. Este gesto de entrega, sin garantía de retorno, se apoya en la idea arendtiana de que con cada nuevo nacimiento llega también la posibilidad de comenzar de nuevo. En este sentido, la natalidad no solo justifica la transmisión, sino que la orienta hacia el futuro. Enseñar, entonces, es cuidar el mundo lo suficiente como para que alguien quiera habitarlo y, quizás, transformarlo. Esta tensión entre legado y comienzo (entre lo recibido y lo por venir) será fundamental para pensar más adelante la posibilidad de una esperanza curricular que no ignore la herencia, pero tampoco la replique ciegamente.

III. PRESERVAR LOS BIENES ESCOLARES

En este capítulo adopto un tono algo más directo, en parte porque me propongo desenmascarar ciertas lógicas culturales que, bajo una apariencia progresista, amenazan los fines públicos de la escuela. No se trata de polemizar gratuitamente, sino de pensar con honestidad pedagógica los efectos de discursos que, bienintencionados o no, están reconfigurando (¿desconfigurando?) el papel de la educación escolar. Y es que la escuela está cada vez más atravesada por discursos que, bajo la apariencia de progreso, pueden vaciarla de sus funciones más valiosas. Lo que me propongo es explorar cómo se insertan en la realidad cultural ciertas prácticas discursivas contemporáneas en y sobre la educación. Me detendré, en particular, en lo que identifico como dos poderosos imperativos culturales de nuestras vidas sociales, con la intención de llamar la atención sobre la forma despreocupada y acrítica en que tendemos a incorporar y aceptar determinados *tótems* en el ámbito educativo: el culto a la felicidad y la celebración de la diversidad, en cuanto mantras pedagógicos que amenazan la posibilidad de preservar los bienes escolares como patrimonio común.

Ambos comparten tres características: (i) se presentan como moralmente incuestionables, (ii) logran generar amplios consensos, y (iii) se manifiestan de múltiples formas en la cultura popular. A pesar de su aparente vocación de cambio, mejora y transformación, ambos imperativos contribuyen, en realidad, al mantenimiento de un orden social profundamente establecido, y dan lugar a bienes de consumo altamente rentables desde una perspectiva económica.

Ahora bien, cuando hablamos de «bienes escolares» no nos referimos solo a contenidos disciplinares, sino también a las formas de relación, de lenguaje, de experiencia y de tiempo que la escuela instituye. Las prácticas escolares son, en este sentido, prácticas instituyentes: no se limitan a reproducir lo dado, sino que crean mundos posibles. En cada horario, en cada silencio, en cada forma de preguntar o de leer en voz alta, se establece una forma de comprender el mundo y de habitarlo con otros. Preservar los bienes escolares es también preservar estas formas materiales y simbólicas de experiencia compartida que la escuela posibilita.

NEO MANTRAS Y PÉRDIDA DE LO COMÚN

Nos embarcamos en el desenmascaramiento, desmitificación y desbaratamiento de ciertos aspectos de esas dos grandes finalidades que, mutadas en mantras de la pedagogía contemporánea progresista bien pensante, mantienen a la educación en un estado de ensimismamiento: la *felicidad* y la *diversidad*.

Lo que está en juego al adoptar estos imperativos sin examen crítico no es solo el lenguaje educativo, sino la propia posibilidad de preservar los mencionados bienes escolares: los saberes compartidos, los vínculos intergeneracionales y las condiciones de igualdad que hacen de la escuela una institución democrática.

No siempre se habló de felicidad o de diversidad como lo hacemos hoy. Ambas nociones tienen una genealogía compleja, que va desde la filosofía moral clásica hasta los movimientos sociales del siglo XX. Sin embargo, en el contexto contemporáneo, han sido resignificadas (y en buena medida despolitizadas) al convertirse en objetivos operativos y emocionalmente movilizadores, adecuados a los lenguajes del mercado y de la autoayuda. Lo que antes era aspiración o principio, ahora se presenta como producto o como derecho subjetivo inmediato. Esta transformación no se ha limitado al plano discursivo o cultural. En algunos países, la «felicidad» ha llegado a convertirse en indicador educativo (las mediciones del bienestar emocional de los alumnos como criterio de calidad escolar). Estas propuestas, aunque bienintencionadas, corren el riesgo de reducir la experiencia escolar a un estado emocional evaluable, desdibujando su función de enseñanza para hacer posible lo común.

Una primera consideración que quisiera plantear es que, tras un estudio detenido tanto de *La trampa de la diversidad,* libro de Daniel Bernabé[68], como de *Happycracia*, de Edgar Cabanas e Eva Illouz[69], ambas obras apuntan directamente a la línea de flotación sobre la que se sostiene hoy buena parte de la pedagogía *mainstream*, o ese cierto «pedagogismo» al que algunos profesores críticos del discurso pedagógico dominante suelen aludir con sorna. Las ideas que estos libros articulan ofrecen claves interpretativas valiosas para pensar los problemas de identidad y las dificultades de orientación que atraviesan hoy la acción educativa, particularmente en lo que este libro analiza como la dificultad contemporánea de lo educativo para asumir su papel esencialmente conservador. Sus argumentos evidencian cómo, en el corazón de esta desorientación, se encuentra el giro individualizador, y profundamente individualista, que ha tomado la práctica de la enseñanza.

En efecto, *felicidad* y *diversidad* operan hoy como poderosos imperativos *pop* en la vida moral de nuestras sociedades. Ambos trasladan el *telos* de la acción educativa al plano de lo individual, contribuyendo a una comprensión crecientemente privatizada (y ya no compartida) de los bienes escolares que merecen ser apropiados. Preservar los bienes escolares implica también sostener una concepción ética de lo escolar, que va más allá de la simple prestación de servicios educativos. Implica asumir que en la escuela se ponen en juego formas de vida compartida, modos de estar juntos, lenguajes comunes que no pueden reducirse ni al rendimiento individual ni al reconocimiento identitario. Esta ética escolar se basa en la convicción de que el saber es un bien común, no una propiedad privada ni un capital simbólico de unos pocos. Y que el acceso igualitario a ese saber es condición para una vida democrática. En este sentido, preservar los bienes escolares supone resistir la colonización neoliberal de la escuela y sus lógicas de competencia, ranking, personalización extrema y segmentación del conocimiento. Frente a estas dinámicas, no significa solo resistir ciertas modas pedagógicas, sino insistir en la dignidad de lo escolar como espacio de saber compartido. No todo lo que vale tiene que emocionar, ni todo lo que enseña tiene que motivar de inmediato. Hay un valor en lo que cuesta, en lo que desconcierta, en lo que requiere tiempo y concentración. Enseñar a leer un poema difícil, a escribir con precisión, a sostener una conversación con quien piensa distinto, son formas de preservar aquello que la escuela puede ofrecer como bien común. Tal vez ha llegado el momento de reivindicar una pedagogía de la sobriedad: aquella que no persigue la gratificación inmediata, sino la formación sostenida; que no teme a la incomodidad cuando esta es necesaria para pensar, para aprender, para madurar. Frente a la escuela-entorno-de-bienestar, necesitamos una escuela como entorno de exigencia razonable, de palabra compartida y de reconocimiento de lo difícil como condición de lo valioso.

La escuela se convierte así en un dispositivo funcional a la realización de intereses particulares, dejando de lado la posibilidad de ser un espacio para estudiar, buscar y construir bienes comunes. Este desplazamiento facilita la generalización de subjetividades centradas en el yo, a cuya construcción la escuela contribuye de forma acrítica, profundizando la erosión de la esfera pública y el empeño por esforzarnos a vivir mejor juntos. Una erosión que, además, supone un acto de automutilación institucional: una escuela desvinculada de su vocación colectivista, universalista, igualadora es, en definitiva, una escuela menos educativa y mucho más empobrecida en términos de los bienes que puede ofrecer. Algo similar ocurre con el discurso de la diversidad. Conviene no confundir una pedagogía crítica de la diversidad (orientada a cuestionar estructuras injustas y ampliar el acceso a los saberes) con su versión estetizante y domesticada. Esta última convierte la diferencia en identidad fija, y la identidad en marca personal. Se celebra la pluralidad sin revisar las desigualdades, se multiplica el reconocimiento sin buscar su redistribución. Bajo una retórica inclusiva biensonante y biempensante, se corre el riesgo de consolidar una escuela más segmentada, más superficial: una escuela que hace menos escuela.

APLÍCATE Y SÉ FELIZ

Sé feliz. Es una orden. Si no lo eres, es porque no te estás aplicando lo suficiente. Este es uno de los mensajes más insistentes que nos lanza la industria de la felicidad y la psicología positiva, y lo hace a través de múltiples canales: desde los omnipresentes manuales de autoayuda hasta los cursos de *coaching* personal y los talleres de *mindfulness.* Todos ellos con una fuerte presencia y resonancia en las aulas escolares, en la formación continua del profesorado y, de forma especialmente preocupante, incluso en nuestras Facultades de Educación.

Ahora bien, desmontar esta lógica (y cuestionar sus implicaciones) es precisamente la tarea que emprenden Edgar Cabanas y Eva Illouz en su libro *Happycracia. Cómo la ciencia y la industria de la felicidad controlan nuestras vidas.* Su crítica se articula sobre la base de cuatro fuentes de sospecha, cada una de distinta naturaleza, que sirven de fundamento a su análisis: una sospecha epistemológica, una sociológica, una fenomenológica y una moral[70]. Muchas de estas ideas han sido desarrolladas con mayor profundidad por Cabanas en una serie de trabajos previos y posteriores, tanto en solitario como en colaboración, donde examina la psicología positiva como legitimación del individualismo, sus vínculos con la autoayuda y sus efectos en el ámbito educativo, emocional y organizacional. Este corpus más amplio permite situar *Happycracia* no como un esfuerzo aislado, sino como parte de una crítica sostenida al uso ideológico de la felicidad en contextos neoliberales.

En el *plano epistemológico,* los autores cuestionan tanto el estatuto científico de la llamada «ciencia de la felicidad» como la concepción misma de felicidad que esta presupone, basada en la idea de que dicha experiencia puede definirse de manera objetiva, mensurable y universal. En el *plano sociológico,* se preguntan quiénes resultan realmente beneficiados y quiénes perjudicados por esta noción de felicidad promovida por una pseudociencia funcional al discurso neoliberal. De un lado, los valores que sostienen la revolución cultural del neoliberalismo; del otro, todos nosotros (junto con nuestras precariedades, incertidumbres y fragilidades). Esta lógica contribuye a legitimar y naturalizar las desigualdades, presentando nuestros grados de éxito o fracaso, riqueza o pobreza, salud o enfermedad, como el resultado de supuestos déficits psicológicos individuales, y no como combinación de condiciones estructurales profundamente desiguales. En el *plano fenomenológico,* los autores denuncian el carácter paradójico de la narrativa de la felicidad, que se presenta como un discurso centrado en la realización personal y el bienestar, pero que, en muchas personas, genera precisamente malestar e insatisfacción. Esto se debe, en parte, a la indefinición y variabilidad del imperativo de «ser feliz», que se convierte en una meta difusa, insaciable e incierta. Una meta perfecta, por tanto, para ser transformada en bien de mercado: cuanto más generalizada la obsesión con el bienestar individual, mayor el crecimiento de la oferta de productos, experiencias y servicios de consumo diseñados para satisfacer esa obsesión. Finalmente, en el *plano moral,* critican la falsa dicotomía entre felicidad y sufrimiento, como si se tratara de realidades mutuamente excluyentes.

Se impone la obligación de ser feliz, pues felicidad y positividad se asocian con productividad, al tiempo que se culpabiliza a quienes no logran alcanzarla. No ser feliz implica, entonces, un fracaso personal: una incapacidad para reponerse del dolor, para superar una tragedia, para convertir la dificultad en una oportunidad de desarrollo individual.

El totalitarismo de esta concepción de la felicidad humana radica en su capacidad para despolitizar la experiencia del malestar: desvincula por completo la felicidad de las condiciones sociales y estructurales, para reducirla a una cuestión de gestión psicológica individual. En este esquema, riqueza y pobreza, éxito y fracaso, salud y enfermedad, ya no se explican por el contexto, sino que se interpretan como frutos exclusivos de nuestras propias decisiones, habilidades o carencias. Se nos exige ser felices, y se responsabiliza y culpabiliza a quienes no lo consiguen por no ser capaces de *superarse*.

Frente a la imposición de un ideal homogéneo de felicidad, cabe preguntarse si es posible pensar en una pedagogía de la vida buena. No aquella centrada en el bienestar como estado emocional, sino como forma de vida buena en sentido aristotélico: una vida con sentido, con otros, en relación con el mundo y con una tradición compartida. Esta pedagogía no exige «estar bien» todo el tiempo, sino que se ocupa de enseñar a pensar, sentir y actuar incluso en medio de los malestares. En este sentido, la escuela podría recuperar su función como espacio de confrontación con el mundo, y no como refugio de autocomplacencia. Educar no es evitar el conflicto, sino acompañar a los alumnos en la tarea de hacerse cargo de él, de situarse en él con criterio, juicio y palabras.

Preservar los bienes escolares supone también defender una cierta ecología de la atención: un entorno en el que sea posible concentrarse, demorarse, escuchar, seguir un hilo largo, leer algo que no tiene recompensa inmediata. En una cultura de la inmediatez, del rendimiento y del clic constante, la escuela es uno de los pocos lugares que aún puede ofrecer tiempos lentos y espacios de silencio. Esa lentitud, esa espera, es una condición indispensable para que se dé un pensamiento profundo. Proteger ese tiempo lento es, también, una forma de preservar un bien escolar.

El libro, tanto en su conjunto como en cada una de sus partes, resulta sumamente interesante. Para nuestro tema, me centraré en algunas de sus ideas que creo nos ayudarían a intentar sacar a la educación del estado de ensimismamiento en el que parece haberse instalado. Un ensimismamiento que la empuja, y nos empuja, hacia una creciente privatización de los bienes escolares. Es decir, me interesa explorar cómo una pedagogía orientada a la búsqueda individual de la felicidad y el bienestar termina por privatizar aquello que la escuela debiera ofrecer como bien común: la posibilidad de salir de uno mismo, de dejar de centrarse únicamente en el propio malestar, y de pasar a hacerse cargo de los otros y de sus problemas. Como ya señaló Arendt, educar no es proteger al niño del mundo, sino introducirlo en él. Convertir la escuela en un espacio terapéutico, centrado en el yo, puede ser una forma de negarle precisamente esa entrada.

Recuperar esta posibilidad implica reconocer que los problemas y las dificultades no son responsabilidad exclusiva del otro ni únicamente mías; al compartirlos, se abre el espacio para practicar virtudes profundamente humanas como la piedad, la compasión o la solidaridad. A continuación, revisaré, por el evidente interés pedagógico que encierran, y que trataré también de subrayar, las conceptualizaciones que Cabanas e Illouz ofrecen sobre tres nociones clave en el discurso educativo actual: la resiliencia, la educación emocional y la autonomía.

No importa cuáles sean nuestras condiciones de existencia ni en qué época vivamos: «las claves del acceso a la felicidad y al crecimiento personal habría que encontrarlas siempre en nosotros mismos»[71]. Esta es la premisa central de la «fórmula de la felicidad» enunciada por Martin Seligman a comienzos de los años

2000, según la cual F (felicidad) = R (rango fijo) + V (voluntad) + C (circunstancias). A partir de esta formulación, se sostiene que: (i) el 90% de la felicidad de una persona es atribuible a factores individuales; (ii) aprender a ser feliz es solo cuestión de voluntad, de perfeccionarse a uno mismo y de saber cómo hacerlo[72]; y (iii) las circunstancias externas apenas influyen en el bienestar personal, a lo sumo, importa la percepción subjetiva que uno tenga de ellas, pero no las circunstancias en sí mismas. En esta lógica, las condiciones materiales o estructurales no son determinantes. Y, en todo caso, intentar cambiarlas no solo es inútil, sino contraproducente: una fuente segura de frustración. Por tanto, lo mejor sería replegarse sobre uno mismo y concentrarse en el trabajo de la autotransformación. La respuesta al malestar, a la incertidumbre, a la zozobra contemporánea, se busca, y se impone, a través de una mirada obsesiva hacia el interior: *tú puedes*, y si no puedes, es porque no te estás esforzando lo suficiente. Observa, por ejemplo, a ese joven resiliente que ha logrado sobreponerse a su infortunio: él sí sabe. Todo es cuestión de voluntad. Solo hay que proponérselo. La interiorización masiva y generalizada de esta creencia, la idea de que la fuerza de voluntad para revertir cualquier situación adversa se encuentra únicamente dentro de uno mismo, conlleva, según advierten los autores, al menos dos riesgos importantes. En primer lugar, «el riesgo de que renunciemos a participar en la vida social y política por consideraciones puramente narcisistas»; y, en segundo lugar, que «las posibilidades de imaginar y luchar de forma colectiva por efectuar cambios sociales se vean seriamente limitadas»[73].

En el fondo, buena parte de lo que se está discutiendo aquí tiene que ver con el lenguaje: con qué se puede decir, con qué se deja de decir, con qué se hace decible en la escuela. La sustitución de preguntas filosóficas por test de autoevaluación emocional; la pérdida del lenguaje histórico y científico en favor de lenguajes motivacionales o terapéuticos; la sustitución del «nosotros» por el «yo».

Todo ello da cuenta de un desplazamiento en lo que se considera valioso nombrar, pensar, preservar.

Preservar los bienes escolares implica también conservar un lenguaje que nombre lo común, lo que no es reducible a lo inmediato, lo que se hereda y se transmite. Un lenguaje que nos devuelva la posibilidad de hablar con rigor sobre lo que importa. A veces, preservar los bienes escolares es tan simple como sostener una hora de lectura en silencio, o discutir en grupo un dilema ético sin que importe su aplicabilidad inmediata. Son gestos que enseñan a estar con otros, a demorarse, a pensar. No producen felicidad, pero permiten pensar qué significa vivir bien con otros.

NI *COACHS*, NI TERAPEUTAS: PROFESORES

Aunque la escuela no puede ignorar la dimensión emocional de sus alumnos, conviene reflexionar sobre el riesgo de desdibujar el papel del profesor bajo modelos inspirados en la autoayuda o el coaching emocional.

En el ámbito educativo, y especialmente en el estudio de los factores que inciden en el rendimiento escolar, llevamos ya un tiempo escuchando con insistencia la figura del alumno resiliente: aquel que, a pesar de partir de condiciones sociológicas adversas, logra escaparse del pelotón y rendir por encima de lo esperable. Sin embargo, cuando un profesor se centra excesivamente en convertir a estos alumnos en modelos ejemplares para los demás, corre el riesgo de minimizar o invisibilizar las dificultades materiales que enfrentan aquellos alumnos que no logran despegarse de sus circunstancias. Existe una materialidad de la dificultad escolar, tanto en su dimensión social como psicopedagógica, que no puede ser desplazada ni eclipsada por la idealización simbólica del alumno resiliente. La resiliencia no es una cualidad mágica ni exclusivamente individual: responde a una compleja y difícilmente delimitable interacción de factores personales y contextuales.

Todo alumno resiliente ha contado, en algún momento y de alguna forma, con condiciones favorables, aunque mínimas, que han hecho posible su trayectoria. Por ello, el profesor no debe entender su tarea como una mera apelación a la voluntad del estudiante. Su labor consiste, más bien, en convertirse en viento favorable y campo de entrenamiento: en crear las condiciones que hagan posible el desarrollo del potencial de sus alumnos. Lo cual es exactamente lo opuesto a abandonarlos a su suerte o responsabilizarlos individualmente por su éxito o fracaso. Infantilizarlos tampoco es solución cuando ya tienen capacidad para entender qué vidas les esperan y qué oportunidades tienen aquí y ahora.

La llamada ciencia de la felicidad promueve la idea de que los factores emocionales constituyen facilitadores o barreras más importantes para el aprendizaje que los factores sociológicos[74] y, podría añadirse, también que los factores psicopedagógicos. Esta premisa ha contribuido, de forma casi inevitable, a reforzar el énfasis en la educación emocional, en torno a la cual se ha generado un amplio seguimiento, en muchos casos, acrítico y poco problematizado. Básicamente porque una persona educada es, de acuerdo, una persona que reconoce sus emociones, pero, sobre todo, una persona que no se mueve y relaciona con los demás a golpe de emoción, sino guiado por principios y responsabilidades de respeto y cuidados (aunque no te apetezca, no estés de humor, o tengas un mal día). El desorden emocional, dentro de los límites no patológicos, no se resuelve con más emotividad, sino con actividad y determinación. Así, por ejemplo, no es infrecuente encontrar centros que suspenden una clase de historia o ciencias para realizar una «jornada de gestión emocional», reforzando la idea de que el malestar debe evitarse o reconducirse sin enfrentarse críticamente a sus causas, ni situarse en relación con el mundo.

Privilegiar lo emocional por encima de lo intelectual es, precisamente, lo que no debería hacer una escuela. Y, sin embargo, es hacia eso hacia donde parecen encaminarse muchas propuestas educativas actuales. El alumno ya habita un mundo saturado de estímulos emocionales: el mercado lo bombardea constantemente en el terreno del deseo y su satisfacción, apelando a sus emociones para manipularlo con fines comerciales. ¿Vamos, entonces, a renunciar también nosotros a dotarlo de herramientas intelectuales? Por supuesto que la vida emocional del alumnado debe importarnos. Pero no puede ni debe convertirse en la prioridad exclusiva del trabajo de los profesores. El problema no está en reconocer la importancia de lo emocional, sino en confundir el papel del profesor con el del terapeuta. El profesor no debe asumir, ni mucho menos presuponer, que todos los niños que pasan por su aula necesitan intervención emocional o asistencia psicológica. Las preguntas que deben ocupar prioritariamente al profesorado no son de naturaleza emocional, sino *intelectual* y *moral*. Y no porque lo emocional sea menos importante, sino porque difícilmente habrá otro agente en la vida de ese alumno, al menos de muchos de ellos, que se preocupe sinceramente por su pensamiento crítico, sus habilidades de razonamiento o su acceso real al conocimiento.

Algunas familias de clase media podrán permitirse desviar la atención hacia la formación emocional porque, los sábados, ya llevan a sus hijos al museo o a actividades extracurriculares. Pero el trabajo del profesor no es completar eso, sino garantizar que todos los alumnos, vengan de donde vengan, sean alfabetizados e introducidos intelectualmente en el mundo. Ningún profesor que no trabaje en un centro de élite debería asumir que su alumnado pertenece a la clase media. Y aquel que *sí* trabaje en un centro de élite, tampoco debe preocuparse: las familias de su entorno ya esperan de él una función clara y definida, centrada en lo académico. Ahora bien, todos los profesores, independientemente de dónde trabajen, deberían recordar que *ellos mismos* pertenecen a la clase media. Probablemente nacieron en ella, seguramente se jubilarán en ella, salvo que una herencia generosa o un matrimonio ventajoso altere ese curso. Buena parte del discurso sobre educación emocional y muchas de las estrategias de autorregulación que se infiltran en las aulas transpiran estas mismas (y peligrosamente dañinas) ideas: puedes lograr lo que te propongas, solo tienes que creer en ti; repite conmigo: «yo quiero, yo puedo, yo sé».

Es la exacerbación de la individualidad en detrimento del sentido de solidaridad comunitaria y de la justicia como ejercicio compartido de corresponsabilidad. Una especie de teología protestante *millennial*, envuelta en píldoras de autoayuda con emoticonos de caritas sonrientes.

Los autores de *Happycracia* señalan, con gran lucidez, que la autonomía se ha convertido en «el más obvio, pero también uno de los más importantes factores de transferencia de responsabilidad de las empresas a los propios trabajadores»[75]. Esta dinámica se intensifica especialmente «en entornos laborales caracterizados por una estructura cada vez más fluida, flexible y horizontal, en los que los trabajadores son evaluados de forma individual y conforme a sus propios resultados»[76]. Pero no termina ahí: también se espera que el trabajador «adopte el rol de emprendedor en la realización de sus funciones, que asuma y gestione por sí mismo las contingencias derivadas de su trabajo, que administre su propio tiempo, y que se dote de la motivación y los medios necesarios para alcanzar sus objetivos»[77]. A mí todo esto me resulta extrañamente familiar. Solo hace falta un pequeño ejercicio de sustitución: donde dice trabajador, leamos alumno; y donde dice entornos laborales, leamos entornos educativos. El paralelismo es inquietante.

El mito del alumno autónomo es comparable al mito de la autocorrección en la Educación Básica. Se propaga con rapidez (¡como la pólvora!), pero no deja de ser eso: un mito. Y sospecho que parte de su atractivo radica en una coincidencia demasiado conveniente: allí donde el alumno se «autocorrige», desaparece, o se reduce notablemente, la necesidad de que el profesor corrija. Sin embargo, más que mito, se trata de una auténtica farsa. Porque lo que sucede, en la mayoría de los casos, no es que los alumnos caigan en dinámicas de auto-explotación, como ocurre con frecuencia entre los trabajadores autónomos (aunque no descarto que a algunos les pueda pasar), sino que, sencillamente, no aprenden ni más ni mejor. De hecho, puede que ni siquiera lleguen a aprender. Además, esta idea encierra un error pedagógico de gran calado, ya que implica una irresponsable transferencia de responsabilidades sobre los objetivos, procesos y resultados del aprendizaje al propio alumno. Una carga que, especialmente en edades tempranas, difícilmente puede sostener. Bajo una retórica superficial de empoderamiento, se esconde en realidad una preocupante dejación de funciones por parte de quienes *sí* tienen la responsabilidad educativa y pedagógica de garantizar esos aprendizajes. La escuela no necesita *coachs* ni terapeutas disfrazados de educadores. Necesita profesores: personas que enseñan, que piensan, que acompañan el aprendizaje y su evaluación con criterio y responsabilidad. Frente a esta deriva centrada en el bienestar subjetivo, urge recuperar una pedagogía que no coloque al yo en el centro, sino al mundo; que no convierta la escuela en un espacio de autorregulación emocional, sino en un lugar donde podamos pensar, imaginar y compartir aquello que nos vincula. Esa tarea pedagógica es también una forma de resistencia a la privatización de los sentidos y de las prácticas de enseñanza.

BÚSCATE Y SÉ TÚ MISMA

No importa de dónde vienes, ni a dónde vas, ni por qué estás aquí o con qué propósito. Lo verdaderamente importante, nos dicen, es que seas cada vez más tú misma, que descubras tu diversidad diferencial y luches incansablemente por ser representada. Se trata de reivindicar ese yo auténtico que reclama reconocimiento, de hacer de esa búsqueda de identidad y visibilidad la causa fundamental. La lucha que cuenta es la que te permite saberte reconocida: tú y los tuyos.

En *La trampa de la diversidad. Cómo el neoliberalismo fragmentó la identidad de la clase trabajadora*, de Daniel Bernabé, se plantea una crítica frontal a esta lógica. Según el autor, las políticas de la diversidad funcionan como un mecanismo eficaz para consolidar y justificar desigualdades estructurales bajo una apariencia de justicia. Más allá de su tono combativo y de ciertas limitaciones analíticas, señaladas tanto por voces críticas como afines, el libro ofreció un diagnóstico contundente sobre los efectos políticos y culturales del viraje identitario promovido (al menos en parte) desde sectores de la izquierda. Supuso la entrada destacada de Bernabé en el panorama intelectual español y abrió un espacio de debate sobre la tensión entre representación simbólica y justicia material, así como sobre la fragmentación de los sujetos políticos colectivos en la era neoliberal. Aunque su trayectoria posterior ha generado valoraciones encontradas y ha derivado hacia posiciones más próximas al discurso institucionalista del progresismo mediático, *La trampa de la diversidad* sigue siendo, a mi juicio, una obra de referencia para quienes buscan explorar críticamente las condiciones culturales que han erosionado los imaginarios de transformación social basados en lo común y lo colectivo.

La trampa consiste precisamente en esto: en convertir algo que, en principio, parece valioso y legítimo, como el reconocimiento de la diversidad, en una herramienta funcional al proyecto neoliberal. Un instrumento que, lejos de cuestionar las raíces materiales de la desigualdad, las refuerza, fragmentando la posibilidad de construir identidades colectivas, alianzas solidarias y luchas comunes. Las ideas que propone Daniel Bernabé, situadas a medio camino entre la crónica periodística y el ensayo político, pueden ayudarnos a comprender cómo una pedagogía centrada en la búsqueda de la diversidad y la representación contribuye a la privatización de los bienes escolares. En particular, a través del debilitamiento de una experiencia fundamental que la escuela debería ofrecer: la posibilidad de trascender el propio yo, de no ser un uno único, sino uno más entre muchos. La escuela como lugar donde se aprende a formar parte de algo común, no solo a diferenciarse.

La trampa de la diversidad es, en efecto, un libro menos académico y riguroso en su formulación, con un tono más panfletario, una argumentación menos matizada, y una cierta tendencia a leer los conflictos en clave binaria (izquierda *versus* derecha). Aun con estos límites, considero que sigue siendo una lectura valiosa para los fines que nos proponemos aquí: ofrecer herramientas críticas para desmontar algunos de los mantras que hoy contribuyen a mantener a la educación en un estado de ensimismamiento identitario. Me centraré, por tanto, en analizar tres ideas clave del libro: la figura de la clase media aspiracional, la identidad como bien de consumo, y la tensión que todo ello plantea entre justicia material (redistribución) y justicia simbólica (representación). A partir de estas ideas, intentaré también desarrollar sus posibles derivaciones pedagógicas, como una forma de contribuir a un pensamiento educativo más atento a lo común y menos entregado a las lógicas del reconocimiento individual.

En el contexto de los procesos electorales que llevaron al poder a Thatcher y Reagan primero, y más tarde a Blair y Clinton, Bernabé relata cómo se logró «transformar algo percibido por la mayoría como negativo, la desigualdad económica, en una cuestión de diferencia, de diversidad»[78]. Frente a un socialismo que era presentado como una amenaza de uniformidad, se impuso discursivamente el derecho a ser diferentes. La identidad dejó de estar determinada por la pertenencia a una clase social para quedar vinculada a la volatilidad del estilo de vida, y amplios sectores de la sociedad, especialmente aquellos más inestables en su comportamiento electoral, comenzaron a percibirse a sí mismos como individuos con aspiraciones personales, que prosperarían gracias a su esfuerzo individual dentro del libre mercado[79]. Así se fue configurando una clase media que, más allá de su composición económica real, se convirtió en hegemónica desde el punto de vista cultural:

una clase cuya identidad ya no se consolida a través de la acción colectiva, sino mediante el consumo de bienes que expresan aspiraciones individuales[80]. Lo más revelador del relato de Bernabé es que esta transformación, especialmente en el caso de la socialdemocracia de Blair, no surgió como una convicción ideológica, sino como una táctica electoral. Se partía de una premisa instrumental: «somos A, pero diremos que somos B porque eso nos hará ganar las elecciones». Con el tiempo, B dejó de ser una táctica y se convirtió en programa: el cálculo se convirtió en convicción. Se persuadió a la mayoría de que los bienes de consumo portan valores, y que al adquirirlos uno podía aspirar a formar parte de una categoría social deseable, definida por una diversidad diferencial en la que todos son «desigualmente importantes y específicos»[81]. En ausencia de una conciencia de clase que diera densidad identitaria, los individuos llenaron su débil identidad de clase media con el consumo de diversidad simbólica[82]. A medida que este proceso avanzaba en el contexto neoliberal, emergió una lógica de competencia entre diversidades por la visibilidad y el reconocimiento. Ya no importaba tanto a qué grupo social real se pertenece, sino con qué grupo minoritario infrarrepresentado uno se identifica o, incluso, consume. La diversidad, así entendida, se transforma en valor diferenciador, pero también en fuente de desigualdad: una forma de sentirse especial y valioso[83]. Mientras tanto, la clase media real resulta ser mucho más reducida que la clase media que cree serlo (los trabajadores) y algo más amplia que la clase media que solo simula serlo (los ricos). Lo que se impone es una «uniformidad narrativa» en la que todos nos vemos atrapados en el mercado de la diversidad: una proliferación de identidades individualistas y competitivas que obstaculizan tanto la acción colectiva como la posibilidad de reconocerse como clase trabajadora para sí[84].

A esta lógica a menudo se le añade el imperativo de la creatividad o el emprendimiento, presentado como motor del éxito escolar y personal. Bajo el elogio constante de la innovación, se refuerza la idea de que el alumno debe distinguirse por sus talentos únicos, desplazando nuevamente la atención desde lo común hacia lo diferencial. Esta fragmentación del sujeto educativo no solo dificulta la construcción de solidaridades políticas, sino que también debilita las condiciones de posibilidad para el acceso igualitario al saber. En una escuela atravesada por lógicas de diferenciación extrema, donde cada alumno debe encontrar su «propio camino» o «su forma de aprender», se diluye la idea misma de bien común escolar. La transmisión de saberes compartidos (y el esfuerzo colectivo que implica su apropiación) se ve sustituida por recorridos personalizados que, bajo la apariencia de respeto a la diversidad, pueden intensificar la desigualdad. Es en esta tensión entre lo propio y lo común donde se juega buena parte del futuro democrático de la educación. Esta preocupación me conducirá, en el siguiente capítulo, a examinar cómo las promesas de la innovación han desplazado el saber del centro de la experiencia escolar.

Esta situación es la que nos habría conducido al actual escenario de guerras culturales, donde lo anecdótico se impone a lo sustantivo, y donde la justicia representativa (simbólica) parece tener más peso que la justicia redistributiva (material). Como advierte Bernabé, «cuanta menos capacidad tiene una corriente política para transformar lo material, mayor es su insistencia en influir a través de lo simbólico»[85]. Esta es, según él, una equivocación fundamental, pues los problemas de representación tienen, en última instancia, raíces materiales. La insistencia en las políticas simbólicas, cuando se desconectan de las políticas redistributivas, termina funcionando como una coartada del neoliberalismo. El problema no es la reivindicación de lo simbólico en sí, sino el haberlo hecho olvidando, o dejando de lado, lo material. A ello se suma un efecto colateral grave: la atomización de la acción política. «Somos cada vez más diversos porque somos cada vez más desiguales», y esa fragmentación tiende a ocupar el lugar que antes ocupaban referentes colectivos como la clase, la nación o la religión. El colectivo mengua porque la diversidad tiende al infinito. Y en esa expansión sin límite, la diversidad acaba negándose a sí misma: «cuando todos somos diversos, nadie lo es realmente»[86].

En este contexto, también conviene detenerse en un fenómeno menos discutido, pero igualmente relevante: la estetización de lo escolar. Es decir, la progresiva sustitución de los fines educativos por una lógica de la presentación, la «espectacularización» y el impacto visual o emocional. Se valora lo que luce bien, lo que conmueve, lo que es visualmente atractivo o narrativamente impactante, aunque esté vacío de contenido riguroso o de sentido formativo. Esta estetización, que muchas veces se disfraza de innovación pedagógica, puede terminar erosionando la dimensión sustantiva de lo escolar. La escuela corre así el riesgo de parecer mucho, pero enseñar poco.

PEDAGOGÍA REDISTRIBUTIVA: DEMOCRATIZAR SABERES

Las relaciones entre la educación escolar y la diversidad de las condiciones y situaciones humanas han sido siempre complejas. En gran medida, educar en la escuela ha consistido precisamente en superar los condicionantes de partida que nos diferencian, y en posibilitar la apropiación de una cultura común con la que aspiramos a igualar las oportunidades de desarrollo personal y social. Sin embargo, en el contexto actual, marcado por el avance de las denominadas políticas de la diversidad, el sistema educativo está asistiendo a una transformación profunda de su sentido y de sus instituciones escolares. Se abandona progresivamente el esfuerzo por construir lo común, por avanzar hacia aquello que nos vincula, para concentrarse casi exclusivamente en lo que nos distingue. De una escuela centrada en procurar la igualación de oportunidad a través de la democratización de saberes, a una escuela ocupada en facilitar la diferenciación identitaria a través de la particularización de la experiencia escolar.

Esta inversión de prioridades tiene consecuencias importantes: el tiempo escolar, cada vez más escaso y valioso, deja de orientarse a garantizar que todos los niños concluyan la Educación Básica con una sólida alfabetización (lingüística, matemática, científica, artística, musical, digital), y se emplea, en cambio, en atender de forma intensiva y constante las diferencias individuales. Se parte de los intereses del niño, pero con el riesgo de quedar atrapado en ellos; se siguen sus ritmos y motivaciones, pero sin garantizar que estos conduzcan a aprendizajes fundamentales. Y esto, conviene subrayarlo, perjudica especialmente a quienes parten de condiciones más difíciles, a los más vulnerables y limitados por sus circunstancias de origen. Paradójicamente, la irrupción de las políticas de la diversidad en las aulas está generando un modelo pedagógico que traiciona el sentido mismo de lo educativo. Un modelo que, bajo la apariencia de atender a cada cual en su singularidad, debilita el compromiso de la escuela con la transmisión de saberes comunes, con la construcción de igualdad y con la formación de sujetos capaces de habitar un mundo compartido.

Por otro lado, si concebimos la escuela como un dispositivo democratizador, es posible reconocer en su interior tensiones persistentes entre dos formas de injusticia: la redistributiva y la simbólica. Estas tensiones, por supuesto, podrían analizarse en el plano de la selección de contenidos curriculares. Sin embargo, me interesa más abordarlas desde la perspectiva del papel del profesor, contraponiendo dos modos distintos de entender su compromiso pedagógico: por un lado, un profesor comprometido con la materialidad de lo escolar, cuya práctica podría asociarse a lo que podríamos llamar una pedagogía de la redistribución; por otro, un profesor enfocado en el elemento simbólico de la experiencia escolar, más próximo a una pedagogía de la representación.

El primero centra su tarea en garantizar procesos de alfabetización sólida, fomentar el pensamiento crítico, ejercitar formas de razonamiento riguroso y transmitir contenidos culturalmente relevantes. El segundo, en cambio, dirige sus esfuerzos a diseñar actividades alternativas para conmemorar el día de la familia evitando las referencias al padre y la madre, revisar sus materiales didácticos para eliminar sesgos cisgénero o renombrar a los protagonistas de los problemas de matemáticas para asegurar la inclusión de nombres no cristianos. Como en el ámbito político, no se trata de afirmar que las prácticas del segundo tipo carezcan de importancia. Sin embargo, conviene no perder de vista que lo que realmente da cohesión a la experiencia escolar y cumple una función fundacional dentro del dispositivo educativo es, ante todo, el trabajo del primero. Es esa tarea centrada en el acceso al conocimiento común la que logra reunir a más alumnado en torno a una experiencia compartida y verdaderamente democratizadora. Esto conlleva procurar ampliar el capital cultural de todos los alumnos, sin tiempo que perder.

Cabe, en este punto, recuperar con una mirada nueva la noción de universalismo escolar. No como imposición abstracta de lo mismo para todos, sino como compromiso concreto con aquello que puede ser compartido. El universalismo bien entendido no borra las diferencias, pero las articula en torno a bienes comunes: el acceso a la historia, al arte, a las ciencias, a las lenguas, a los grandes relatos de la humanidad. Preservar los bienes escolares es conservar esta posibilidad de acceso igualitario a lo mejor del saber disponible, sin por ello negar las condiciones singulares de cada sujeto. La escuela no está para confirmar lo que uno ya es, sino para abrirlo a lo que podría ser.

El profesor, trabaje donde trabaje, como ya he señalado, no debería olvidar que sí pertenece a la clase media. Y que, precisamente por eso, no debería dejarse seducir por ciertas lógicas simbólicas de la diversidad cuando estas corren el riesgo de desplazar lo fundamental. Porque en la base de muchas desigualdades escolares que hoy se atribuyen a déficits de representación, lo que realmente opera es un reparto desigual del capital cultural. Por eso, su tarea esencial consiste en hacer de su práctica docente un ejercicio sostenido, consciente y comprometido de redistribución. En un ejercicio, como veremos en el siguiente capítulo, de sostenida reinterpretación (que no innovación) de los saberes que merecen ser preservados.

La escuela es, o podría ser, uno de los pocos lugares donde lo que no tiene valor de mercado adquiere un valor simbólico y formativo. Es el espacio donde alguien puede leer por primera vez un poema sin que nadie se ría, donde una pregunta aparentemente ingenua puede ser escuchada con respeto, donde una idea nueva puede encontrar eco. La escuela puede restituir, simbólicamente, la dignidad de quienes no tienen otra voz pública, y puede ofrecer bienes (como el tiempo, la palabra o la atención) que en otros contextos se vuelven escasos o transaccionales. Esta capacidad restitutiva es una de las razones más poderosas para conservar la escuela como institución democrática.

Aun cuando las críticas aquí expuestas puedan parecer severas, responden a una preocupación profunda por sostener lo mejor de la tradición escolar: su vocación igualadora, su apertura al mundo y su cuidado por los saberes compartidos. No se trata de cerrar el paso a lo nuevo, sino de discernir qué transformaciones permiten fortalecer lo común y qué modas lo debilitan. Pensar con cuidado también es un acto de hospitalidad.

En este contexto, reivindicar la escuela como espacio de preservación de bienes comunes no es una nostalgia del pasado, sino una apuesta por conservarlos hoy y en el futuro. Por una educación capaz de ofrecer algo más que acompañamiento emocional o reconocimiento identitario: una educación que enseñe, que interpele, que ligue a los sujetos con un mundo que vale la pena ser conocido y compartido. ¿No es esa, acaso, la forma más profunda de inclusión? Que nadie quede fuera del acceso a los bienes escolares: eso es lo que hay que preservar. En última instancia, preservar los bienes escolares es preservar un cierto legado civilizatorio: la convicción de que el conocimiento compartido, el juicio crítico, el sentido de comunidad y la transmisión intergeneracional son fundamentales para sostener una sociedad abierta, justa y hospitalaria. En tiempos de polarización y repliegue identitario, la escuela puede seguir siendo el espacio que nos vincula con lo común, con lo heredado y con lo posible.

IV. VARIACIONES FRENTE A INNOVACIONES

«No busques más: no hay nada que deconstruir, tu vida es ya una perfecta ruina». Esta frase, cargada de ironía melancólica, refleja el ánimo de una revolución agotada, de una época que ha consumido sus propios signos de ruptura y herencia. Apunta a una sensación de extenuación cultural y de traición intergeneracional. La recoge el profesor Diego Garrocho en un artículo publicado en 2021, que adopta la forma de una carta abierta: una *Carta a un joven posmoderno*[87].

Se trata de un texto que denuncia con fuerza la desactivación de nuestras armas intelectuales, provocada, según su autor, por determinadas corrientes filosóficas contemporáneas. Bajo una cierta idea de tradición, se había prometido la posibilidad de construir valores compartidos y concepciones de la verdad que pudieran dar forma y sentido a nuestras vidas. Frente a ello, las nuevas generaciones han crecido en un entorno que, bajo el signo del escepticismo cultural, ha desmantelado esos pilares sin ofrecer alternativa alguna: «Te prometieron que podrías vivir una vida en el absurdo, sin sentido y sin arraigo, pero tú ya estás cansado de sufrir. Creciste educado en un mundo en el que te dijeron que la verdad no existía. Pero, qué demonios, tu dolor actual es absolutamente cierto. Demasiado cierto»[88]. Durante años, la filosofía (y otras prácticas culturales, incluida la educación) ha insistido en demoler o dinamitar cuidadosamente muchos de los puntos de apoyo que hacían la vida más habitable. El autor de la carta, profesor de filosofía, asume un cierto *mea culpa* gremial: reconoce la temeridad con la que su oficio ha propuesto a los jóvenes ideas quizá brillantes en lo teórico, pero incapaces de sostener biografías concretas. «Despreciaste la idea de normalidad, pero una vida normal, en el fondo, es a lo único a lo que ahora aspirarías. Empiezas a sospechar que esa normalidad podría haber existido, y que así debe exigirse»[89]. Con ello, el texto denuncia una forma de manipulación generacional: la renuncia deliberada a ofrecer certezas sencillas desde las que construir una vida solvente. El resultado ha sido un apaciguamiento perpetuo que ha conducido, paradójicamente, a una experiencia cotidiana marcada por la inestabilidad y la intemperie. La metáfora de la «modernidad líquida», formulada por Zygmunt Bauman, sigue siendo aquí especialmente elocuente: la disolución de toda referencia firme no ha traído mayor libertad, sino vidas más frágiles, más dispersas y, en muchos casos, más inhóspitas. El problema, sugiere la carta, no radica solo en la pérdida de referentes, sino en haber construido, por encima de la tradición, complejos sistemas teóricos y sofisticados imperios culturales que han terminado por volverse inhabitables. «Tú no entendías nada, pero te aplicabas con un rigor masorético a entreverar algún sentido en aquellas palabras incomprensibles»[90]. El autor denuncia una filosofía contemporánea que se ha caracterizado por su impulso hipercrítico, pero rara vez proposicional. Se trata de un lamento por no haber ofrecido a los jóvenes cánones, formas de orientación simbólica que les permitieran recorrer biografías habitables, transitar por mundos mínimamente estables. En nombre de la libertad, se ha vaciado el contenido de la vida común. En nombre de la crítica, se han desacreditado sin matices ciertos valores que ahora, cuando ya es tarde, volvemos a buscar con urgencia. El gesto ha consistido en desechar con arrogancia lo que finalmente terminamos echando en falta. Como parte de una estrategia más amplia del propio capital, se nos ha enseñado a despreciar aquello mismo que nos ha sido arrebatado: un horizonte de expectativas estables, vínculos sólidos, la posibilidad de una familia, de un hogar. Algunas corrientes filosóficas (que la carta nombra sin reservas, pero que aquí prefiero no enumerar para no perder el hilo) han sostenido que estas pérdidas eran no solo inevitables, sino deseables. Al hacerlo, habrían contribuido también a desactivar toda forma de disenso, de modo que quien se atreve a cuestionar los nuevos credos es rápidamente señalado, ridiculizado o excluido. «Agotarás el catálogo de Netflix una y otra vez, comprarás infusores con forma de ballena en AliExpress para tomar el té orgánico que adquieres en la tienda de comercio justo y adoptarás un gato con glaucoma para que te haga compañía»[91], ironiza el autor. La crítica, desplazada hacia el gesto paródico o performativo, se ha vuelto incapaz de ofrecer verdaderas alternativas.

Todo este escenario nos empuja a mirar al pasado con una mezcla de melancolía y desconcierto. El autor de la carta (que la escribe a sus 36 años) reconoce en la generación de sus padres algo que hoy parece ausente: un vínculo más claro entre la vida y sus horizontes, entre el presente y un futuro mínimamente habitable. Pero más allá de la nostalgia, lo que se impone es un sentimiento de temor al porvenir: un miedo fundado, determinado e irresoluble. El futuro ya no aparece como un territorio de posibilidad, sino como un lugar inhóspito, difícil de habitar y aún más difícil de transitar. De ahí que el pasado, por contraste, se vuelva objeto de una nostalgia peculiar: como una forma de esperanza proyectada hacia atrás. Vivimos haciendo cosas sin saber hacia dónde nos dirigimos. Y esa desconexión entre los actos y los fines impide adquirir compromisos duraderos. Nos cuesta imaginar una decisión que proyecte sus efectos a treinta o cincuenta años vista. Vivir en esa inmanencia constante, en el presente absoluto, genera existencias más inestables, más frágiles, más expuestas. En este contexto, la idea moderna de *progreso* ha perdido buena parte de su poder de convicción. Ya no ofrece sentido ni dirección. Y es precisamente en este clima de desorientación donde la educación (como práctica concreta y como promesa simbólica) se encuentra en una posición especialmente difícil. Porque si el futuro se percibe como un abismo, ¿cómo sostener una tarea que, por definición, se orienta hacia él?

DESORIENTACIÓN EDUCATIVA EN TIEMPOS DE CAMBIO

La tensión principal que atraviesa nuestras sociedades en el contexto de la cultura occidental globalizada es la que se da entre cambio y estabilidad, entre fluidez y solidez, entre innovación y conservación. Esta dicotomía atraviesa no solo los discursos pedagógicos, sino también los económicos y políticos. Buena parte de las propuestas contemporáneas (en la empresa, en la gobernanza y en la escuela) derivan de esta lógica. El mensaje dominante es claro: nos espera un futuro moldeado por la tecnología, la digitalización, la lucha contra el cambio climático y nuevas formas de producción y consumo. Para afrontarlo, se nos dice, es urgente transformar nuestras estructuras, adaptar nuestras instituciones y reconfigurar nuestras prácticas. El mundo se ha puesto en movimiento (y a un ritmo vertiginoso), y quien no sepa «surfear la ola», corre el riesgo de ser engullido por ella. La pandemia no hizo sino reforzar este relato. Se presentó como una oportunidad para acelerar los cambios que ya estaban en marcha: modificó hábitos, normalizó el uso intensivo de tecnologías digitales, y consolidó la narrativa del *cambio necesario*. Los gobiernos, incluidos los europeos, han hecho de esta promesa de transformación un principio rector de sus políticas, destinando enormes cantidades de recursos a reformas adaptativas que responden más al mandato de la innovación que a una reflexión profunda sobre lo que verdaderamente merece ser preservado.

Vivimos bajo una presión constante que insiste en el progreso, en los avances, en la necesidad de dejar atrás las formas «obsoletas» del pasado para evolucionar hacia un nuevo tiempo. En los últimos años, esta tensión entre un futuro prometedor y un pasado decrépito ha colonizado el discurso público, imponiendo una narrativa lineal del cambio como única vía legítima. Bajo esta lógica, alcanzar las posibilidades de un mundo radicalmente distinto exige descartar no solo ciertas prácticas, sino también formas de pensamiento, valores, lenguajes, instituciones. La sociedad, se nos dice, debe transformarse para adaptarse a una nueva era más fluida, más abierta, más flexible. Y el pasado ha adquirido un significado enteramente nuevo. Ya no se concibe como un territorio de memoria, como el espacio donde buscar referencias, lecciones o advertencias para el presente. En su lugar, el pasado ha sido reducido a lo sórdido, lo retrógrado, lo que debe abandonarse sin matices. Como si la historia solo pudiera leerse como una larga lista de agravios siempre a la espera de una reparación por siempre insatisfactoria y del todo insuficiente.

El pasado se transforma así en un símbolo de todo lo que hay que superar: es sinónimo de atraso, de ineficiencia, de burocracia, de rigidez, de error. No se recupera la memoria, sino que se reactiva el juicio. No se rescata lo que aún puede inspirar, sino que se impone una lógica de ruptura que exige distanciarse a toda velocidad de cualquier vínculo con lo heredado. El pasado ya no es vivido como parte constitutiva del presente, sino como una época que solo puede ser denunciada, corregida o, directamente, cancelada. Machismo, racismo, clasismo, fascismo: el pasado se compacta en una amalgama de males cuya sola mención basta para legitimar su olvido. En este escenario, el futuro aparece como un tiempo de redención total, donde todo podrá (¡por fin!) ser mejor, más justo, más limpio. Pero esa promesa, como veremos, tiene un coste.

Además, este dilema entre pasado y futuro pasa por alto una contradicción mucho más profunda: la tensión irresuelta entre progreso y conservación en una era como la nuestra[92]. En lugar de reconocer las disfunciones presentes y asumir la responsabilidad de repararlas aquí y ahora, el recurso al pasado se convierte en un comodín narrativo que se utiliza una y otra vez para eludir el análisis de las condiciones actuales. El futuro, mientras tanto, ha dejado de ser el territorio prometedor que se nos había anunciado. Las expectativas de progreso continuo, de innovación permanente y de grandes avances civilizatorios han dado paso, en muchos casos, a formas de precariedad tecnificada. Soñábamos con una revolución digital liberadora, y hemos terminado creando empleos que consisten en repartir comida en bicicleta, mientras el trabajador asume el coste de su propia seguridad social. En la cruda película *La historia de Souleymane*, Boris Lojkine retrata una forma de explotación dentro de otra: un solicitante de asilo sin permiso de trabajo recorre París haciendo recados en bicicleta, utilizando el perfil de *rider* de otro inmigrante con papeles, a quien le paga un porcentaje de las ganancias que genera.

Pero quizá sea en el campo de la educación donde esta contradicción entre la promesa emancipadora de la innovación y su verdadera función como mecanismo de adaptación al orden ya existente, se manifiesta con mayor nitidez. El discurso de la innovación educativa no solo acelera, sino que activa deliberadamente una desmemoria pedagógica: un olvido funcional de las prácticas docentes y de los contenidos curriculares que han sostenido históricamente la experiencia escolar. Aunque se nos asegura que estamos avanzando, es posible que no estemos progresando en absoluto, sino que estemos atrapados en una galería de espejos que nos devuelve, deformada, la imagen de un futuro siempre deseable pero inalcanzable. Una sensación de movimiento continuo que apenas oculta la parálisis estructural de fondo. Si a ello sumamos la eliminación progresiva de la dimensión disciplinar del currículum escolar, a favor de un currículum por ámbitos que promueve un enfoque funcionalista centrado en habilidades, competencias y procedimientos, el panorama se vuelve aún más inquietante. La más reciente reforma curricular en España ha consistido, en buena medida, precisamente en eso: en institucionalizar esta desmemoria pedagógica bajo la apariencia de modernización. Todo parece empujar a los jóvenes hacia una forma de presentismo radical: la incapacidad de trascender sus propias experiencias inmediatas y de encontrar sentido en las voces, los textos y las contribuciones de quienes les precedieron. Se debilita así el vínculo con la herencia, con el saber acumulado, con los relatos que estructuran un mundo común. Y cuando eso ocurre, enseñar deja de ser un acto de transmisión para convertirse en una operación vacía de adaptación al entorno.

En este momento de extenuación pedagógica, este capítulo intenta imaginar formas de redimir la educación, de liberarla de sus promesas incumplidas, de renovar sus votos y orientarla, de algún modo, hacia futuros aún posibles. Pero ¿cómo hacerlo cuando ya no queda rastro de aquella fe heredada en una dirección histórica con propósito, en un *telos* educativo que guíe el camino? ¿Cómo pensar un «después» cuando la flecha de la historia ya no apunta hacia ningún lugar reconocible? ¿Qué podemos esperar colectivamente de la educación si no tenemos garantías de que la escolarización conduzca a algo mejor que lo que ya somos, o si incluso cuidar las verdades deja de ser garantía de mayores libertades? En este escenario de disolución del *telos* histórico, resulta fértil recuperar una noción como la de *la imaginación conservadora*, tal como la propone Gregorio Luri[93]. Frente al cliché que identifica conservar con inmovilismo, Luri defiende que conservar implica seleccionar, valorar y cuidar lo que merece ser transmitido. No se trata de oponer tradición y cambio, sino de pensar el cambio desde una fidelidad activa al legado. En un tiempo que absolutiza lo nuevo y desprecia lo heredado, esta forma de imaginación ofrece una alternativa pedagógica que asume la fragilidad del presente sin renunciar al sentido. Educar, desde esta perspectiva, no es borrar el pasado, sino interpretarlo para hacerlo habitable, como quien reinterpreta una melodía sin desfigurar su armonía.

Frente a la antigua narrativa del progreso, el relato que hoy se impone, y que se traslada sin fisuras a los sistemas escolares y a los discursos sobre el profesorado, es el que podríamos llamar el paradigma de la innovación. Bajo su influjo, lo que somos, lo que tenemos y lo que hacemos se presenta como anticuado, ineficiente, insatisfactorio. Este discurso se ha vuelto tan poderoso que, desde lo que podríamos denominar una «cultura popular pedagógica», ha colonizado el pensamiento dominante sobre nuestras instituciones, nuestras prácticas y nuestras esperanzas educativas. Sin embargo, cabe preguntarse si no sería más productivo, desde un punto de vista pedagógico, sustituir el marco de la innovación por el de la variación. ¿No sería más prometedor (más educativo, incluso) hablar de variación en lugar de innovación? ¿Podría ser esta una vía posible para redimir la educación? Variar no es repetir sin cambio, pero tampoco destruir para empezar de cero. Variar es explorar lo heredado con otros ojos, devolverle vida a través de otros acentos. Tal vez ahí comience el verdadero gesto educativo: no en la invención constante, sino en el cuidado activo de lo que ya nos ha sido dado.

A continuación, me propongo contextualizar el origen del *tótem de la innovación* en el ámbito educativo, entendido como un sustituto neoliberal (más técnico que ético) de la antigua idea de progreso. Después, examinaré algunas de las críticas más relevantes que se han formulado frente a este imperativo, convertido en dogma. Por último, concluiré proponiendo la variación como una alternativa pedagógica capaz de liberar a la educación de la parálisis en la que la ha dejado sumida la crisis del progreso, y de abrir un camino más sostenible y esperanzador hacia la posibilidad de conservarla.

EL MITO FUNDACIONAL DE LA INNOVACIÓN

Vivimos en una época marcada por el imperativo de la innovación, del cambio constante, de la transformación permanente de la escuela y de quienes la habitan. Estos tiempos podrían describirse, sin exageración, como *innovafílicos,* expresión que le debo a Mariano Narodowski: profundamente seducidos por la idea de que todo debe renovarse, acelerarse, reinventarse. En efecto, enseñamos para preparar a otros para el futuro (un futuro incierto, por definición), y esa incertidumbre impulsa a la educación a desviar constantemente la mirada hacia un horizonte que nunca termina de llegar. Bajo esta lógica, educar se convierte en una tarea de adaptación continua: responder, ajustarse, anticiparse. Sin embargo, educar no es solo preparar para el futuro, sino también *preservar* un legado. La educación es, al mismo tiempo, un acto de transmisión: una forma de ofrecer a las nuevas generaciones una herencia ecológica, lingüística, cultural, ética, científica y artística, para que, desde ella, puedan construir sus propios caminos. Enseñamos también para que algo permanezca, para que lo que merece seguir vivo no se pierda en medio del ruido del presente. Sin esta dimensión conservadora, toda promesa de futuro carece de raíces.

¿Dónde comenzó esta fiebre por la innovación? Es probable que todo haya empezado con una sospecha. Una sospecha aparentemente razonable: como las escuelas se crearon hace mucho tiempo, deben estar obsoletas. Como han llegado al siglo XXI prácticamente sin transformaciones radicales, algo debe de estar fallando. De ahí surge la idea de que el sistema escolar necesita urgentemente ser repensado, reinventado, reformateado. En 2006, esta sospecha tomó forma cuantitativa: fue el año en que el programa PISA (coordinado por la OCDE) completó su primera serie de evaluaciones internacionales sobre el conocimiento y las habilidades de jóvenes de 15 años en países miembros y asociados. Juntos, estos países representaban alrededor del 90% de la economía mundial. La evaluación, centrada en la medición de competencias clave en lectura, matemáticas y ciencias, no solo proporcionó datos comparativos entre sistemas educativos, sino que activó un ciclo político en el que la innovación se convirtió en respuesta automática a cualquier déficit detectado.

Un año después, en 2007, se publicó el influyente informe de McKinsey & Company titulado *Cómo hicieron los sistemas educativos con mejor desempeño del mundo para alcanzar sus objetivos*. Este documento consolidó la lógica de la eficiencia y la competitividad como principios rectores de la política educativa global. En sus páginas pueden leerse afirmaciones como esta: «El mundo es indiferente a la tradición y a la reputación pasada, no perdona las flaquezas e ignora las costumbres o prácticas». Y continúa, en un tono inequívoco: «El éxito será para las personas y los países que sean rápidos para adaptarse, moderen sus reclamaciones y estén abiertos al cambio». A partir de ahí, dos fuentes (aparentemente contradictorias) han alimentado el diagnóstico dominante sobre los problemas de nuestros sistemas educativos. Por un lado, los informes internacionales sobre el rendimiento del alumnado, que presentan una imagen de ineficiencia y estancamiento. Por otro, los llamamientos de los nuevos gurús de la educación a favor de un currículum más flexible, abierto, creativo y centrado en el alumno. Ambas líneas han confluido, paradójicamente, en una misma exigencia: la instauración de un *ciclo de innovación permanente* en la educación. Un movimiento que ya no busca reformar con criterio, sino transformar sin descanso.

PISA y McKinsey ofrecieron los datos y las referencias necesarias para orientar el discurso educativo dominante hacia la «innovación» y la reforma permanente. Sin embargo, la fórmula retórica básica («este sistema no funciona, debemos innovar para solucionarlo») difícilmente habría calado tan hondo en la opinión pública sin la valiosa colaboración de un tercer actor: la popularización mediática de este mensaje a través de las conferencias ahora legendarias de Sir Ken Robinson en la plataforma TED.com. Tres de sus intervenciones resultan especialmente significativas. La primera, *¿Las escuelas matan la creatividad?*, emitida en febrero de 2006, acumula más de 75 millones de visualizaciones (además, en YouTube, el vídeo oficial cuenta con otros 22 millones de visualizaciones más), lo que la convierte en uno de los vídeos educativos más vistos de todos los tiempos. La segunda, *¿Cómo escapar del valle de la muerte de la educación?*, en 2013, supera los 15 millones de reproducciones. La tercera, *Cambiar los paradigmas de la educación*, difundida en 2010 como vídeo de animación, ha sido vista más de 17 millones de veces en YouTube, y se hizo viral en numerosos países gracias a sus subtítulos multilingües. Más allá del carisma de Robinson o de la emotividad de sus relatos, estas conferencias han funcionado como vehículos de transmisión masiva de una determinada forma de pensar la educación: crítica con la tradición, impaciente con la escuela, seducida por la idea de que lo nuevo siempre será mejor. Su impacto ha sido tal que, en muchos contextos, se ha vuelto casi impensable disentir del imperativo de innovar sin parecer retrógrado, pesimista o fuera de lugar. Por eso considero que su legado discursivo es clave para entender la fuerza y la insistencia del imperativo de la innovación en el imaginario educativo contemporáneo.

Aunque cada una de las conferencias de Sir Ken Robinson enfatiza aspectos distintos, todas comparten una misma estructura argumental de fondo. La premisa inicial es clara: todos los niños están dotados de capacidades y talentos innatos que esperan ser descubiertos, alimentados y fortalecidos. Esta visión optimista del potencial humano funciona como punto de partida y como apelación emocional. Sin embargo, ese talento (universal pero latente) se ve sistemáticamente bloqueado por la cultura institucional de las escuelas, que no sabe reconocerlo ni cultivarlo. «Todos los niños tienen tremendos talentos. Y los malgastamos implacablemente», afirma Robinson en su conferencia de 2006. Años más tarde, insistirá en el mismo diagnóstico: «Hay niños que están en la escuela, pero están desconectados de ella, no la disfrutan, no obtienen ningún beneficio real». El desafío, entonces, es transformar el sistema educativo, ya que, según esta narrativa, ha dejado de funcionar. Tanto sus estructuras como sus contenidos son presentados como obsoletos. En palabras de Robinson: «Cada país está tratando de entender cómo educamos a nuestros niños para que tengan un sentido de identidad cultural y, al mismo tiempo, puedan formar parte del proceso de globalización. ¿Cómo cuadrar ese círculo? El problema es que intentan llegar al futuro haciendo lo que hicieron en el pasado, alienando así a millones de niños que no le ven ningún propósito a ir a la escuela». El diagnóstico es tajante: la escuela, tal como la conocemos, ha caducado y necesita ser radicalmente replanteada. La solución que se propone es la innovación. «Nuestro sistema educativo se basa en la idea de la capacidad académica. Y hay una razón. Todo el sistema fue inventado. En el mundo no había sistemas de educación pública, realmente, antes del siglo XIX. Nacieron para satisfacer las necesidades de la industrialización». O, como añade en otra intervención: «El sistema educativo actual se diseñó, concibió y construyó para una época diferente. Se pensó dentro de la cultura intelectual de la Ilustración y bajo las condiciones económicas de la Revolución Industrial».

Años más tarde, al volver sobre estos vídeos que en su momento parecían introducir ideas disruptivas en el debate público sobre la educación, se descubre en ellos, con cierta perplejidad, la definición perfecta del *statu quo* de una forma de pensar que hoy resulta dominante, incluidos (¿o sobre todo?) entre muchos de quienes participan profesionalmente en la vida escolar. Lejos de ser provocaciones marginales, estas charlas han contribuido a naturalizar una manera de entender la educación que se ha extendido como sentido común pedagógico. Siempre me ha sorprendido, y todavía lo hace, que muy pocos hayan respondido a esas conferencias planteando, siquiera como posibilidad, que quizá la relativa estabilidad del sistema educativo a lo largo del tiempo no se deba a su inercia o a su rigidez, sino al hecho de que no ha funcionado tan mal. Tal vez su resistencia al cambio radical se deba a que ha logrado, al menos en parte, cumplir con su función: transmitir saberes, formar criterios, sostener mundos compartidos. La clave está en que el imperativo de la innovación no surge, en realidad, del interior de la escuela. No es una demanda generada desde la práctica docente ni desde las aulas. Llega desde fuera: como una narrativa sobrescrita, cargada de promesas de modernización y eficiencia, que ha sido progresivamente adoptada (y a menudo celebrada) por el propio entorno escolar. Una vez instalada, esta narrativa se ha vuelto difícil de cuestionar, no tanto por su solidez argumentativa como por su poder de seducción simbólica.

El llamamiento a la innovación se ha convertido en un imperativo cotidiano en las escuelas. Resulta llamativo observar hasta qué punto este *tótem* ha sido incorporado de manera acrítica y casi automática en el mundo educativo, sin demasiada resistencia ni reflexión sobre sus implicaciones. La innovación en educación se presenta hoy como (i) moralmente intachable, (ii) capaz de suscitar un amplio consenso entre actores diversos, y (iii) manifiestamente presente en múltiples niveles de la vida escolar: desde las metodologías hasta el currículum, desde la formación docente hasta la evaluación. Sin embargo, como intentaré mostrar a continuación, más allá de su retórica de cambio, mejora y transformación, el discurso de la innovación tiende a ejercer una forma sutil (y a veces no tan sutil) de *tiranía educativa*. Para explorar esta dimensión, propondré dos grupos de críticas que permiten desmontar algunas de las promesas avanzadas por este imaginario. En primer lugar, analizaré lo que podríamos denominar *las tiranías neoliberales de la innovación*, aquellas que responden a una lógica de mercado, eficiencia y competencia. En segundo lugar, abordaré un conjunto de críticas *afirmativas o post-críticas* que, sin rechazar la necesidad de pensar de nuevo la escuela, señalan cómo el imperativo de la innovación puede terminar desfigurando su vocación pública, su temporalidad pedagógica y su vínculo con los saberes.

LA INNOVACIÓN COMO MERCANCÍA

El primer grupo de críticas al tipo de tiranía impuesta por el imaginario de la innovación educativa se sitúa dentro de una lectura crítica de la ideología neoliberal y de su capacidad para colonizar progresivamente nuestras vidas, nuestras instituciones y nuestras subjetividades. Esta colonización no ha sido solo económica o política, sino también simbólica, y ha tenido efectos especialmente corrosivos sobre las esferas colectivas de resistencia, acción solidaria y construcción común[94]. La educación, por supuesto, no ha sido ajena a esta deriva. En las últimas décadas hemos asistido a un proceso sostenido de mercantilización de lo educativo: recortes presupuestarios, descrédito sistemático de la escuela pública y de sus profesores, exaltación de modelos privados «innovadores», y una creciente diseminación de discursos pedagógicos funcionales a los intereses del mercado. Se ha debilitado el vínculo entre escuela y bien común, y se ha fortalecido, en cambio, una lógica individualista, adaptativa, orientada al rendimiento y a la empleabilidad. En este contexto, la caricaturización de la escuela «tradicional» ha funcionado como una herramienta retórica eficaz. Se ha construido una figura fácil de criticar (inmovilista, autoritaria, desfasada) que sirve de chivo expiatorio para justificar todo tipo de reformas. Curiosamente, esta crítica ha sido asumida no solo por los sectores más alineados con las agendas neoliberales, sino también por quienes, con intención transformadora, han leído en el descrédito de la escuela convencional una oportunidad para presentarla en clave emancipadora. Pero en ambos casos, la crítica a lo heredado ha funcionado como palanca para imponer una lógica de innovación permanente que desactiva la memoria pedagógica, erosiona el oficio docente y fragmenta el sentido común de lo escolar.

Sin embargo, quienes impulsan estos cambios ya no hablan de renovación pedagógica[95], como solía hacerse en otros momentos históricos con un tono más deliberativo y pausado[96], sino de innovación educativa. Este nuevo término, ampliamente difundido por los medios y rápidamente adoptado por el discurso institucional, ha logrado instalarse en el imaginario colectivo como un valor progresivo en sí mismo. No necesita justificación: innovar es bueno, punto. Sin embargo, su funcionalidad dentro de la lógica capitalista no puede pasarse por alto. Como ha señalado el profesor Harvey[97], la innovación se encuentra estrechamente vinculada a las dinámicas de destrucción creativa que caracterizan a las sociedades de consumo: se elimina lo anterior no porque haya fallado, sino simplemente para dejar espacio a lo nuevo. Desde esta perspectiva, la innovación educativa se convierte en un objeto de consumo. Se traduce en metodologías que el «buen profesor» debe aplicar, tecnologías que deben incorporarse, materiales que hay que comprar, espacios que deben rediseñarse. Cada ola de innovación genera una nueva cadena de productos, servicios y estándares que refuerzan la dependencia del sistema educativo respecto a las lógicas de mercado. La innovación no se practica: se adquiere. En un mundo marcado por la incertidumbre y la precariedad neoliberal, es comprensible que busquemos certezas. Queremos respuestas rápidas, instrucciones claras, soluciones aplicables de forma inmediata. Apenas queda tiempo (¡ni energía!) para construirlas colectivamente. Y quizás lo más preocupante sea que estamos perdiendo, como cultura educativa, la conciencia de que esta construcción común no solo es valiosa, sino esencial.

En esta era marcada por el imperativo de la innovación, al menos en el ámbito educativo, la pregunta importante ya no es para qué educamos ni qué merece ser enseñado. En su lugar, la cuestión del cómo ha desplazado casi por completo al resto, convirtiéndose en el eje dominante del discurso pedagógico. Todo gira ahora en torno a metodologías, formatos, herramientas y técnicas. Y este giro metodológico no es en absoluto neutro: responde a una lógica profundamente alineada con los objetivos mercantilistas del enfoque neoliberal. La estrategia consiste en modificar los formatos de la mercancía educativa sin cuestionar en ningún momento su finalidad o su valor intrínseco. Así, las supuestas alternativas «innovadoras» al sistema educativo tradicional no proponen una transformación sustancial, sino una transformación estética u operativa: se rediseñan los espacios y los tiempos escolares, se promueve la co-docencia, se introduce el uso de tecnologías digitales de última generación, se generalizan las metodologías activas, las técnicas didácticas más «novedosas», los proyectos transversales y por ámbitos, el aprendizaje por retos, el trabajo en equipo y la colaboración constante. Todo ello se presenta como si se tratara de una revolución educativa, cuando en realidad responde a una lógica adaptativa que refuerza lo existente. Se innova en la forma, pero no se cuestiona el fondo. Se transforma la superficie, mientras se perpetúa la lógica instrumental, competitiva y productivista que vacía de sentidos la experiencia escolar.

LA INNOVACIÓN COMO AGOTAMIENTO SIMBÓLICO

El segundo grupo de críticas adopta una perspectiva post-crítica sobre el fenómeno de la innovación educativa. Esta mirada no niega la necesidad de transformación, pero evita caer tanto en la denuncia impulsiva como en el entusiasmo simplista. En su lugar, propone formas de crítica afirmativas y proposicionales, que no se limitan a desmontar, sino que buscan señalar posibilidades de sentido y recuperación. Desde este enfoque, me centraré en dos formas específicas de tiranía simbólica que se derivan del imaginario de la innovación y que se han infiltrado profundamente en nuestras vidas educativas. La primera es *la tiranía del movimiento perpetuo*, tal como ha sido formulada por François-Xavier Bellamy[98];

la segunda, *la tiranía de la renovación imposible,* planteada por Fabrice Hadjadj[99]. No pretendo ofrecer aquí un retrato completo ni plenamente justo del pensamiento de Bellamy y de Hadjadj. Lo que propongo es un uso deliberadamente parcial y situado: un aprovechamiento productivo de algunas de sus obras para pensar, en su compañía, las formas en que ciertas lógicas asociadas al imaginario de la innovación operan hoy como tiranías que bloquean la posibilidad de redención de la educación. Una redención no como retorno al pasado, sino como reactivación de las promesas incumplidas que la educación formuló en nombre del progreso. El problema es que el progreso, tal como lo hemos entendido, ya no parece posible. Pero tal vez sí lo sea una pedagogía con «p» minúscula: más situada, más modesta, más atenta a lo posible que a lo espectacular. Ambas nos permiten pensar cómo, bajo la apariencia de dinamismo y apertura al cambio, el discurso innovador puede generar nuevas formas de agotamiento, disolución y decepción.

En su ensayo *Demeure. Pour échapper à l'ère du mouvement perpétuel,* François-Xavier Bellamy aborda el imperativo de la innovación, renovación, transformación que nos obliga a estar permanentemente «en movimiento», sin ser capaces de preguntarnos sobre la dirección, sin tiempo para definir lo que merece ser protegido, preservado en la herencia recibida de los mayores. Este problema tiene su punto de partida en la Modernidad. La Modernidad consistió, en un universo gobernado hasta entonces por costumbres y tradiciones, en el advenimiento del espíritu crítico, que condujo al tamizado de los usos de la razón. Para algunos fue una oportunidad para alejarse del oscurantismo, para otros se trataba de una simplificación lamentable de la complejidad de la condición humana. Pero Bellamy ofrece una nueva definición. En su opinión, en el centro de la Modernidad hay menos uso de la razón crítica que pasión por el cambio. Una pasión que ha acabado empujándonos tiránicamente hacia el imperativo contemporáneo de la innovación, la renovación y la transformación constante.

Esta lógica del movimiento constante, explica Bellamy, ha dejado de ser un ideal de progreso para convertirse en una exigencia que agota. Ya no se trata simplemente de cambiar para mejorar, sino de cambiar por cambiar, perdiendo de vista todo criterio que permita distinguir lo valioso de lo prescindible. El resultado es una cultura que desacredita la estabilidad, sospecha de la tradición y desactiva los mecanismos de transmisión simbólica. En este contexto, nuestro tiempo deja estar protagonizado por la razón crítica para convertirse, como sugiere Bellamy, en la era de la compulsión por lo nuevo: una pasión que, lejos de emancipar, erosiona vínculos, referencias y sentido de continuidad.

A esta pasión por el cambio, núcleo silencioso de la Modernidad, le debe la civilización moderna tanto su dinamismo como la crisis de sentido en la que ha terminado por precipitarse. Bellamy lo formula en los siguientes términos: «La Modernidad, para liberar el movimiento y facilitar el progreso, se ha definido por un esfuerzo de deconstrucción. Hemos querido deshacer nuestros lazos para no ver en el mundo más que una yuxtaposición de objetos manipulables y transformables»[100]. La movilidad permanente, entendida en sus inicios como condición para el progreso y la emancipación, ha derivado en una imposibilidad radical de permanecer, de habitar, de sostener. En su genealogía de esta ideología del movimiento perpetuo, Bellamy recorre un itinerario que va desde Heráclito, Parménides y Platón, hasta Maquiavelo, Copérnico o Galileo. La afirmación de la movilidad universal de los cuerpos celestes habría abierto, según él, un imaginario en el que nada es estable, en el que todo se desplaza sin cesar, y en el que el ser humano ya no puede esperar encontrar un lugar donde detenerse y descansar. La Modernidad, más que liberar, nos ha condenado a un *deambular sin refugio*, a una intemperie sin reposo. Como escribe hacia el final de su libro: «Nuestra obsesión por el hogar, nuestro rechazo a permanecer, nuestro miedo a quedar retrasados si somos incapaces de estar 'completamente disponibles' ante la aventura de cada novedad»[101], constituyen los síntomas más visibles de esta tiranía simbólica del movimiento.

Los efectos contemporáneos de esta lógica del movimiento perpetuo, según Bellamy, pueden resumirse en tres grandes consecuencias, todas ellas profundamente desestabilizadoras para cualquier proyecto educativo con vocación formativa. (i) *El relativismo,* que ha disuelto la posibilidad de afirmar verdades compartidas y ha afectado de forma directa al lenguaje mismo. La palabra, para que pueda ser medio de comunicación, requiere cierta estabilidad de sentido. Sin embargo, el movimiento perpetuo ha introducido una oscilación constante que impide anclar significados: «Para que la palabra nos permita comunicarnos es absolutamente preciso que su significado escape a ese movimiento perpetuo... Al someterlo a una fluctuación definitiva, el relativismo destruye el lenguaje y el bien infinitamente necesario y precioso que es el significado de las palabras comunes que usamos»[102]. Este desplazamiento semántico tiene también implicaciones políticas y económicas: «todo lo que se mueve representa una oportunidad y todo lo que ya no se mueve simplemente está muerto»[103]. Lo inmóvil, lo estable, lo duradero, ha quedado desautorizado. (ii) *Un cierto vitalismo competitivo,* que convierte a cada individuo en un actor que debe adaptarse permanentemente, competir y reinventarse sin tregua. En este contexto, nociones como bien común, comunidad política, tradición o pertenencia se convierten en obstáculos para la libertad entendida exclusivamente en clave individual. «De esta manera, animados por nuestros líderes para adaptarnos en todo momento a cambios ingobernables, nos encontramos desposeídos de nuestro propio destino»[104]. Y añade: «En un mundo que fluye, la única catástrofe sería permanecer inmóviles. Debemos tener cuidado de no 'llegar tarde' o quedaremos completamente desfasados»[105]. El miedo a quedarse atrás sustituye a la reflexión sobre hacia dónde vamos. (iii) *Un progresismo despolitizado,* que ha sustituido la reflexión crítica por la inercia de la novedad. Ya no se trata de valorar *si* un determinado cambio es deseable o justo, sino de asumir que *todo* cambio es progreso. «No consiste en considerar que un progreso en concreto es deseable, lo que no es más que una tautología, sino en considerar que todo movimiento es un progreso»[106]. Esta idea se convierte en una peligrosa promesa vacía, que nos priva, en primer lugar, del discernimiento necesario para evaluar las consecuencias de nuestras acciones y, en segundo lugar, de la capacidad de reconocer, y agradecer, aquello que ya es bueno, justo o valioso en el presente.

La segunda forma de tiranía derivada del imperativo de la innovación es, paradójicamente, *la imposibilidad de la verdadera renovación*. Así lo plantea Fabrice Hadjadj en su ensayo *Dernières nouvelles de l'homme (et de la femme aussi)*, donde reflexiona sobre los desafíos de un mundo cada vez más hipertecnológico y habitado por la convicción de que la humanidad se encamina hacia su autodestrucción. Según Hadjadj, el progresismo ha colapsado: ya no es una fuerza política o cultural capaz de orientar el presente, sino una máscara que oculta la inercia de un movimiento sin dirección. En este contexto, toda formulación en clave progresista se reduce a una huida hacia adelante, donde la única certeza parece ser la de nuestra extinción como especie. Y, sin embargo, esa huida adopta una de sus formas más seductoras precisamente en la acentuación del discurso de la innovación. Hadjadj lo expresa con precisión: «El reino de la innovación es el de la obsolescencia programada. Su novedad provisional no sólo supone la condena a muerte de lo antiguo, sino también la destrucción de la novedad precedente, la cual, por consiguiente, estaba condenada a desaparecer desde su aparición»[107]. En otras palabras, la innovación no construye duración ni continuidad, sino ciclos de aparición y desaparición acelerada. Lo nuevo nace ya con fecha de caducidad. Así, más que abrir espacio para la renovación profunda, esta lógica impide toda posibilidad de arraigo, de maduración o de permanencia simbólica.

Ni como el progresista que engrandece el futuro, ni como el reaccionario que llora por la pérdida del pasado, Fabrice Hadjadj propone una tercera vía: acoger el mundo tal como se nos ha dado, incluso en su dramatismo. En sus propias palabras, se trata de: «dar la bienvenida al mundo tal como se nos ha dado, incluso en su dramatismo»[108]. Esa aceptación implica no negar la conciencia de nuestra finitud, sino integrarla. Es, de hecho, una forma profunda de realismo pedagógico, que ya ofrecemos (quizá sin pensarlo del todo) a los niños desde sus primeros años, por ejemplo, a través de ese peluche de dinosaurio que representa una especie extinguida. El dinosaurio de peluche (volviendo sobre las ideas de Elizabeth Kolbert, en su libro de 2015, *The Sixth Extinction: An Unnatural History*), como objeto de apego simbólico, sugiere la única esperanza posible en un tiempo sin horizonte: la de «amar, cuidar y cultivar esta tierra precisamente porque no durará para siempre»[109]. En lugar de pensar el futuro como una promesa infinita, Hadjadj nos invita a vivir el presente como algo frágil, que merece ser cuidado porque es limitado. En contraste con esta actitud de custodia, la innovación impone una lógica de sustitución y obsolescencia permanente. Se trata de una tiranía que reemplaza sin relevo, que destruye sin regenerar. «La innovación es la guerra. No está ahí para hacernos progresar, sino para aplastar a la competencia»[110]. Bajo esta lógica, toda novedad no se justifica por su valor intrínseco, sino por su capacidad de hacer desaparecer lo anterior. Por eso, afirma Hadjadj, *la innovación impide la renovación*. Frente a la innovación, entendida como reemplazo automático (el objeto *n+1* que elimina al objeto *n*), la *renovación* plantea otra temporalidad: la de una novedad que no necesita destruir lo que le precede para tener sentido. Una novedad que *asume su historia*, que no irrumpe como ruptura absoluta, sino como continuidad transformada. Renovar no es retroceder, sino avanzar *llevando consigo* lo que merece permanecer. La renovación construye futuro desde una fidelidad creativa, mientras que la innovación, cuando se absolutiza, conduce a la aceleración. Y hablar de aceleración (recuerda Hadjadj, evocando a Galileo) es hablar de *caída libre*. En un vacío sin resistencia, todos los cuerpos caen con aceleración constante, aumentando su velocidad a medida que recorren más distancia. «Cualquiera que elogie la aceleración de los ritmos de vida toma la caída libre como modelo. A menudo, sin darse cuenta, exalta la intoxicación del vacío y el aplastamiento que se avecina»[111]. La innovación descontrolada, sin reflexión sobre lo que debe ser conservado, puede conducir no al avance, sino al colapso.

Hadjadj sostiene que, en una cultura obsesionada con la velocidad y el rendimiento, donde «uno siempre debe ir más rápido, sacándole el máximo provecho al tiempo, sobrecargándolo de múltiples tareas, realmente es imposible hacer algo»[112]. Este frenesí contemporáneo impone, bajo el barniz de la innovación disruptiva y del crecimiento sin límites, una forma de huida hacia adelante que nos deja a la vez embriagados y exhaustos: embriagados por la promesa de un yo constantemente renovado, y exhaustos por la pérdida progresiva de nuestras capacidades humanas, que son reemplazadas por lógicas funcionales, automatizadas y despersonalizadas. En este régimen temporal, se nos empuja a cosechar, en el corto intervalo de una vida, la mayor cantidad posible de experiencias y metamorfosis. De un movimiento intergeneracional, como el que caracterizaba a las sociedades antiguas (donde las eras se sucedían a lo largo de siglos), hemos pasado a un movimiento generacional, propio de la modernidad, en el que el cambio se produce de una generación a otra. Y de ahí, hemos aterrizado en el movimiento intrageneracional posmoderno, donde el cambio se acelera hasta el punto de fracturar nuestras propias trayectorias vitales. A través de fenómenos como la sucesión acumulativa de relaciones sexoafectivas, la movilidad profesional, la multitarea, la obsolescencia programada de los objetos y los espacios de nuestra vida cotidiana, asistimos al espectáculo, dice Hadjadj, «de varios renacimientos antes de la hora fatídica»[113]. Estos cambios ya no son procesos asumidos, integrados o narrados, sino transiciones que nos atropellan y que atropellamos. Porque, cuando «nada dura lo suficiente como para marcar el ritmo» y cuando «el movimiento se convierte en un valor en sí mismo, sin dirección ni propósito», entonces el progreso se desfigura en lo que Hadjadj describe como «un ataque epiléptico»[114]: una sacudida sin sentido, un impulso sin pausa ni orientación. Frente a este paradigma de innovación tecnológica (que celebra la desmaterialización digital, la aceleración y la fantasía de un progreso futuro infinitamente mejor), Hadjadj propone un paradigma de la renovación cultural. Este paradigma parte de otras coordenadas: de la realidad de la carnalidad presente, de la materialidad de lo heredado y de la desaceleración que se experimenta cuando volvemos a caminar. Renovar, en este sentido, no significa cambiar por cambiar, sino permanecer en movimiento sin perder la memoria ni el cuerpo.

VARIACIÓN: UNA VÍA PARA REDIMIR LA EDUCACIÓN

Quisiera concluir este capítulo, inspirado por la descripción de las formas de tiranía expuestas en las secciones anteriores, pero también animado por un deseo deliberado de no resignarme, con lo que podría leerse como una declaración conservadora. No en el sentido de regresar nostálgicamente al pasado, ni de replegarse en una contemplación pasiva de lo que fue. Eso, lo sé bien, no basta. No sería ni suficiente ni deseable para un proyecto que pretende pensar y actuar juntos, aquí y ahora, en el presente que nos ha tocado habitar. La crisis que ha generado la desaparición de un imaginario progresista sólido, uno que diera sentido a los poderes emancipadores de la educación, exige más que la afirmación acrítica de lo que hay o la sola conservación de lo que fuimos. La memoria y la herencia son gestos necesarios, pero no son por sí solos herramientas suficientes para sostener una esperanza pedagógica activa, ni para redimir a la educación de sus promesas no cumplidas. Por eso, propongo aquí pensar en otro tipo de movimiento. Un movimiento que no se alinee ni con la aceleración vacía ni con el inmovilismo temeroso. Un movimiento que nos libere de las tiranías del movimiento perpetuo del que habla Bellamy y de la renovación imposible que tan bien caracteriza Hadjadj, y que frene la dominación simbólica y práctica que el imperativo de la innovación ejerce sobre nuestras instituciones, nuestras ideologías y nuestras prácticas educativas. En resumen, se trata de proponer algo solo un poco diferente: la variación. Una forma de moverse dentro de la tradición sin reproducirla ciegamente. Una forma de enfrentar pasado y futuro no desde la disyuntiva innovación/conservación, sino desde la tensión fecunda entre ambos. Una forma de permanecer en el tiempo, sin sucumbir ni a la nostalgia ni al vértigo.

La artista Esther Ferrer, figura central del arte de acción en España, lleva más de cuarenta años explorando la *variación* como forma creativa. Su obra, desarrollada en múltiples soportes (objetos, vídeos, fotografías, performances, dibujos, esculturas, estructuras geométricas), constituye una investigación constante sobre cómo la reiteración produce diferencia. Su idea central es clara y radical: *todas las variaciones son válidas*. No hay repetición exacta; hay transformación continua. En sus propias palabras: «No existe la repetición, sino la reiteración y, por tanto, las variaciones. La repetición es una convención, es imposible. Aunque lo intente, nunca lo haré de la misma manera, no soy la misma que ayer, el tiempo ha hecho su trabajo»[115]. Esta afirmación encarna una forma alternativa de pensar la relación entre tiempo, forma y creación, y nos ofrece una clave valiosa para rechazar el desprecio sistemático hacia lo que nos precede, ese desprecio que caracteriza la lógica de la innovación como imperativo. Frente a la cultura de la obsolescencia, que nos empuja sin cesar hacia un futuro inalcanzable, la variación permite una *afirmación creativa de lo heredado*: una manera de permanecer con lo recibido, sin congelarlo; de renovar sin destruir. Las prácticas artísticas de Ferrer muestran con nitidez cómo es posible *preservar* y *transformar* al mismo tiempo. En lugar de sustituir lo anterior por lo nuevo, estas prácticas trabajan con lo dado para hacer emerger, desde dentro, lo todavía no imaginado. La variación, así entendida, no es una estrategia menor ni una adaptación residual. Es una forma de habitar el tiempo con sentido, de responder al presente sin negarle su pasado, de dar lugar a un futuro que no esté vacío de memoria.

Ahora bien, ¿cuándo deja de ser válida una variación? ¿O, más exactamente, en qué momento una variación deja de ser tal para convertirse en algo completamente ajeno al objeto que la originó? Estas preguntas no son triviales, especialmente cuando consideramos la ubicuidad del término innovación en el discurso educativo contemporáneo. La innovación aparece como propuesta, como deseo, como imperativo, como metodología, como política, como objetivo, como criterio, como indicador, como caso de éxito... como síntoma. Se ha convertido en una fuerza tiránica que ha ocupado el vacío dejado por el colapso de la idea de progreso. Mientras la palabra innovación ha transitado desde lo económico a lo educativo, imponiéndose con fuerza como signo de valor, la variación ha seguido habitando otros territorios: el del arte, la música, las matemáticas. En el ámbito matemático, por ejemplo, el concepto de variación se formaliza como la combinación de n elementos, con o sin repetición, con o sin orden, lo que permite representar estructuras complejas, incluidas las musicales. En el arte sonoro, como también en la composición clásica o contemporánea, las variaciones enriquecen un motivo sin romperlo, lo despliegan sin desfigurarlo. En los ámbitos estratégicos (militar, deportivo, ajedrecístico) encontramos una aplicación táctica de esta lógica: ahí hablamos de variantes. Son variaciones que han sido estudiadas, reconocidas y repetidas por su eficacia. En el ajedrez, por ejemplo, una variante es una secuencia conocida, desplegada bajo ciertas condiciones, que permite explorar posibilidades dentro de los límites del juego. Lo mismo podríamos decir de los regates en el fútbol: cada uno con su nombre propio, cada uno con su inventor, cada uno como una maravillosa variación que no rompe las reglas del juego, sino que las lleva a su mejor expresión. Son movimientos nuevos que se producen dentro del marco, y que lo enriquecen sin abolirlo.

En el ámbito musical, una variación se produce cuando un compositor toma un tema existente y lo desarrolla mediante modalidades diferenciadas, sin desmantelar su estructura armónica original. La variación transforma, despliega, enriquece, pero no anula. Puede haber variaciones contrastantes, incluso opuestas en estilo, ritmo o tonalidad, siempre que se preserve el principio subyacente que confiere unidad al conjunto. El ejemplo paradigmático es el de las *Variaciones Goldberg* de Johann Sebastian Bach, pero a lo largo de la historia de la música se han explorado múltiples formas y estilos que operan bajo esta misma lógica. El musicólogo Paul Thom ha argumentado que las variaciones pueden entenderse como una modalidad particular de arreglo musical. La relación exitosa entre una variación y su tema radica, precisamente, en una combinación equilibrada de fidelidad y transformación. Una variación cumple su propósito cuando difiere de su tema, cuando lo reinterpreta creativamente sin traicionar su núcleo. A diferencia de una transcripción, que cambia el medio sin alterar necesariamente el contenido musical, la variación altera el contenido mismo: introduce desplazamientos, rupturas internas, acentos nuevos. Thom lo expresa con claridad: «Las variaciones hacen referencia a su tema ejemplificando algunas características que comparten y otras que no. Una variación debe ser como su tema en algunos aspectos y diferente de él en otros»[116]. Esta estructura dual, continuidad y diferencia, es la que permite a la variación desplegar su potencia creativa sin caer en el reemplazo. Y es, precisamente, este modelo el que propongo como alternativa a la lógica binaria entre innovación y conservación que tanto empobrece hoy el pensamiento educativo.

Al comentar los límites de las variaciones musicales, Michel Serres introduce una cuestión fundamental al problematizar la distinción tradicional entre «tema original» y variaciones posteriores. Su propuesta es provocadora: «¿A veces no os preguntáis si el tema mismo no se desarrolla como una variación entre otras? Más simple, sin duda, más pura, más corta, ciertamente, pero ¿por qué separarlo de ellas? (…) ¿Por qué lo prejuzgamos como más estable y centrado que ellas? Sí, el tema no es nada, sino una de las variaciones»[117]. Esta idea desestabiliza la jerarquía entre lo primero y lo derivado, entre lo normativo y lo interpretado. Deja de haber una «fuente» fija, un modelo original que las demás versiones simplemente replican o adornan: todo es ya variación, con distintos grados de énfasis, forma o intensidad. En una línea similar, Roland Barthes sugería que las mejores variaciones son aquellas en las que el tema principal se disuelve, se descentra, se convierte en una más entre las demás, dejando de funcionar como norma. Hace referencia a las *Variaciones Diabelli* de Beethoven. En este episodio clave de la historia musical occidental, algunos académicos han destacado que «constituye una subversión más que una destrucción del tema»[118]. Es decir, el tratamiento de Beethoven no consiste en deshacerse del motivo inicial, sino en disolver su centralidad, en redistribuir su peso. En lugar de «presentar el mismo objeto con distintas luces», como hacen muchas obras de variaciones, las *Variaciones Diabelli* «presentan 33 objetos diferentes con la misma luz, que los atraviesa»[119]. La innovación aquí no reside en la imaginación con que se transforma el tema, sino en la transformación radical del propio concepto de variación. La fuerza de esta obra no se encuentra en el tratamiento creativo del material original, sino en el tipo de escucha que suscita: una escucha activa, no subordinada, que debe sostenerse en medio de estructuras polifónicas, asimétricas, aperiódicas, incluso disonantes. Como afirma

Baldwin, «la escucha creativa de la audiencia se ve estimulada por las estructuras polifónicas asimétricas, aperiódicas y discontinuas»[120]. Estas reflexiones nos ayudan a pensar la variación no como subordinación a un modelo, sino como forma de libertad en continuidad. Como posibilidad de reinterpretación sin nostalgia ni ruptura. Y, tal vez, también como una imagen útil para imaginar una práctica pedagógica que se mantenga en relación con lo que la precede, pero que se permita, a su vez, mutar desde dentro.

Precisamente es en el ámbito de la educación estética donde Maxine Greene nos ofrece argumentos especialmente valiosos para pensar el potencial pedagógico de la variación. Para Greene, educar es abrir espacios de posibilidad, es ampliar el campo de lo pensable y lo experimentable. La educación es «un proceso que hace posible que las personas puedan llegar a ser diferentes, entrar en las múltiples esferas de significado que crean perspectivas sobre las obras»[121]. En este sentido, enseñar no es simplemente transmitir una forma estable de conocimiento, sino propiciar el ingreso en universos de sentido diversos, complejos, cambiantes. Para lograrlo, es necesario cultivar en los estudiantes la capacidad de mirar desde múltiples ángulos, de adoptar diferentes modos de conocer, ver y sentir, y de hacerlo con intención: «mirar a través de la lente de maneras diferentes de conocer, ver y sentir en un intento consciente por imponer diferentes órdenes sobre la base de la experiencia»[122]. La educación estética, tal como Greene la concibe, implica una atención apreciativa hacia las obras artísticas que nos han precedido, pero también hacia aquellas que nos acompañan en el presente. Es una forma de entrar en relación con lo heredado que no lo cristaliza, sino que lo vuelve habitable, respirable, vivo. En palabras de Greene: «Muchos de aquellos que hablan sobre imaginación, posibilidad, avivar la esperanza y el compromiso con las artes, son acordes que grandes artistas han hecho sonar repetidamente en el pasado»[123]. No hay imaginación sin memoria, ni novedad sin variación. En lugar de desechar lo anterior en nombre de lo nuevo, se trata de entablar un diálogo: permitir que los gestos del pasado se reformulen en el presente y proyecten su resonancia hacia lo que aún no ha sido. Estos sonidos, motivos y temas que se repiten a lo largo del tiempo, como variaciones en una partitura inagotable, «nos recuerdan la necesidad de reconocer la oscuridad, conjeturar, diseñar, protestar, imaginar, transformar»[124]. Son obras que nos siguen hablando hoy, que resisten el olvido, que sostienen todavía la esperanza de que algo puede empezar de nuevo. «Las artes (...) siempre nos enfrentan a nuevos comienzos, ya que son, cada una a su propia manera, inagotables»[125]. Frente al abismo de la extinción, frente a la dificultad de seguir educando después del fracaso del ideal de progreso, tal vez el gesto pedagógico más humilde y sostenible sea precisamente este: cultivar la atención hacia las fuentes inagotables de sentido. Las grandes obras de arte, las ideas que resisten el desgaste del tiempo, los gestos docentes que se repiten sin agotarse. «No, nada está resuelto, y nada está subsanado. Pero como profesores y, sí, como alumnos, podemos estar en el mundo de forma diferente, sintiéndonos a nosotros mismos en proceso, en búsqueda, trabajando juntos como investigadores, como interrogadores, en lo que a veces denominamos la comunidad de aprendizaje»[126]. Tal vez no se trate de salvar la educación, ni de refundarla desde cero. Tal vez se trate, simplemente, de seguir cultivando la tierra que tenemos bajo nuestros pies. Y hacerlo con el cuidado, la fidelidad y la apertura que exige toda verdadera variación.

Para seguir practicando la educación en tiempos marcados por el imperativo de la innovación, el concepto de variación ofrece una alternativa más pertinente, fértil y sostenible. Frente a la exigencia constante de novedad que impone el discurso innovador (con su culto al cambio por el cambio, a lo disruptivo y a lo espectacular), la variación permite pensar la transformación educativa desde la continuidad, el juicio y la sensibilidad. Si imaginamos las prácticas educativas como temas musicales, veremos que se han desarrollado históricamente mediante inflexiones, modulaciones y reajustes, sin perder por ello sus estructuras fundamentales. Lo que constituye un gran momento de enseñanza no es la invención de algo absolutamente nuevo, sino la creación de una variación significativa sobre un motivo conocido o aún por explorar. Como los músicos, los profesores son intérpretes: su tarea no es romper con lo anterior, ni reinventarse cada curso como emprendedores pedagógicos, sino sostener y renovar con inteligencia formas compartidas de saber y de presencia. La variación, en este sentido, permite resistir a la lógica de obsolescencia que amenaza con vaciar de sentido la enseñanza. Cada clase que un profesor imparte es una nueva versión, una variación situada, sensible al contexto, al grupo, al momento. Pero también es un gesto de fidelidad: una forma de cuidar las armonías originales, sin desfigurarlas hasta el punto de que lo que se practica ya no pueda reconocerse como educación.

No aspiro a que quienes se dedican a la innovación educativa renuncien a su optimismo esencial, ese que, aunque siempre frustrado, constituye el tema extenuante de su propia composición. Pero sí creo que vale la pena preguntarse: ¿por qué no recurrir a la imagen musical de la variación como una forma de resistencia frente a las tiranías que nos impone el imperativo de la innovación? Al destacar la noción de variación, pretendo subrayar la dimensión artesana y artística de la enseñanza. Una forma de acción pedagógica que me parece más adecuada para acoger, sin diluir, categorías como la aventura, el riesgo, la interrupción, la improvisación, o la desaceleración. Esta posición nos invita a dejar de ver a los profesores como ejecutores de «protocolos innovadores» y a reconocerlos, en cambio, como artesanos pedagógicos: profesionales que, curso tras curso, se embarcan en una búsqueda abierta de mejora, sin fórmulas definitivas, sin garantías, repitiendo y variando sin cesar los temas que sostienen su práctica. En ese movimiento, humilde, inacabado, experimental, se abren posibilidades para redimir la educación de sus promesas rotas, sin caer en el inmovilismo ni en un tradicionalismo ciego. Una manera de seguir practicando (¿tocando?) la educación con esperanza.

V. ESPERANZA CURRICULAR

Más allá de su función técnica de planificación educativa e instrumento de gestión, el currículum puede ser entendido también como una manifestación institucionalizada de esperanza, como un gesto de hospitalidad educativa hacia quienes llegan a la escuela sin que podamos anticipar qué les quedará de ella. Enseñar un currículum es sostener la posibilidad de que el mundo y el conocimiento aún merecen ser compartidos, incluso cuando no existen garantías de comprensión, de apropiación o de continuidad. El problema del currículum, y muy especialmente su vínculo con la esperanza en educación me ha ocupado y preocupado de manera persistente en los últimos años. Algunos de los argumentos que aquí desarrollaré han sido formulados en otros trabajos previos, pero los presento bajo una mirada nueva, integrados en una comprensión de la enseñanza como acto de ofrecimiento y del currículum como estructura de cuidado intergeneracional.

En los últimos años, el discurso educativo dominante ha desplazado el sentido del currículum hacia una función fundamentalmente utilitaria e instrumental. Se le exige que prepare para un futuro incierto, que anticipe problemas aún inexistentes, que forme competencias transferibles para escenarios cambiantes y volátiles. Este desplazamiento no es solo semántico, sino claramente político: refleja una pérdida de confianza en el presente y en la posibilidad y conveniencia de transmitir el pasado. De tal modo que el currículum deja de entenderse como una promesa de mundo compartido para convertirse en una herramienta al servicio de la adaptación.

Frente a esta lógica de obsolescencia planificada, conviene recuperar una definición del currículum como acto de conservación cultural y como expresión de lo que Hodder[127] denomina entrelazamiento (*entanglement*): un modo de estar en el mundo que reconoce que las cosas (los saberes, los textos, las técnicas, los objetos escolares) nos configuran, nos preceden y nos sostienen. Educar desde el currículum es enseñar a habitar esa red de herencias y responsabilidades sin pretender comenzar de cero. Implica presentar formas de vincularse con lo que otros pensaron, escribieron, preservaron, y hacerlo no por nostalgia, sino porque reconocemos en ello una forma de cuidado del mundo. Este cambio del currículum puede observarse en el desplazamiento del contenido hacia la habilidad, del saber a la competencia, y del texto al recurso. Normativas varias, evaluaciones estandarizadas e incluso la formación del profesorado comienzan a prescindir del qué en favor del cómo, debilitando la base material y simbólica del acto de enseñar. Frente a esta desmaterialización, urge recuperar el currículum como un artefacto denso, históricamente sedimentado, que no solo transmite información, sino que organiza una promesa.

Esta mirada hacia el currículum como acto de ofrecimiento y no como predicción responde también a una preocupación más amplia: ¿cómo seguir enseñando cuando el futuro ya no aparece como horizonte abierto, sino como amenaza o como puro cálculo técnico? Recuperar el espesor del presente (y de los saberes que lo hacen habitable) se convierte en una tarea fundamental para la escuela.

En un contexto educativo marcado por la incertidumbre epistémica, la aceleración tecnológica y el debilitamiento del pacto intergeneracional, recuperar el currículum como un espacio de ofrecimiento tiene importantes implicaciones pedagógicas y políticas. Frente a la lógica de la obsolescencia programada y del rendimiento inmediato, este capítulo se sitúa en continuidad y cierre de los anteriores, donde he defendido la enseñanza como práctica artesanal, la centralidad de la transmisión intergeneracional, la preservación de los bienes escolares y la posibilidad de la variación frente al imperativo de la innovación. Ahora bien, si enseñar es ofrecer, y transmitir es confiar, ¿cuál es el lugar del currículum en esta tarea de conservar lo valioso?

Desde una perspectiva que se sigue inspirando en la pedagogía post-crítica, propongo entender el currículum como una estructura que sostiene la posibilidad de encuentro con un mundo que nos precede y que, por tanto, puede ser recibido, cuidado y eventualmente transformado. No se trata de idealizar el currículum ni de ocultar sus funciones selectivas y prescriptivas (ni sus riesgos reproductivos), sino de resituarlo en una ética de la enseñanza entendida como acto de cuidado: cuidado del mundo, de los saberes que lo hacen comprensible, y de quienes se incorporan a él.

Pensar el currículum en términos de esperanza permite recuperar su dimensión formativa, cultural y pública. Y es que el currículum puede concebirse como «un acto de esperanza junto con otros». Se enseña lo que se cree que vale la pena ofrecer, aunque no haya certeza sobre si será comprendido o siquiera valorado. Esta esperanza no es un optimismo ingenuo, sino una postura epistémica activa: confiar en que el saber, cuando se comparte, puede abrir un espacio significativo en la experiencia del otro. Quiero por ello presentar una visión del currículum como promesa de mundo compartido, como selección deliberada de aquello que merece ser legado. Frente a la fragmentación curricular y la personalización extrema, propongo una defensa del currículum como espacio común: aquello que se ofrece a todos, no porque todos lo entiendan del mismo modo, sino porque todos tienen derecho a encontrar en él algo que los trascienda.

La pregunta que organiza lo que sigue no es solo técnica (¿cómo enseñar?), sino ética: ¿qué merece ser enseñado hoy, aquí, a estos estudiantes concretos? Y ¿desde qué disposición epistémica y afectiva se sostiene esa selección? A partir de estas preguntas, el capítulo articula cinco apartados que abordan el currículum como expresión de esperanza epistemológica, como promesa de mundo, como acto de selección ética, como pedagogía de la espera y, finalmente, como forma institucional de sostener el deseo de enseñar en tiempos inciertos.

ESPERANZA EPISTEMOLÓGICA Y DISPOSICIÓN DOCENTE

La esperanza que este capítulo propone no debe confundirse con un optimismo ingenuo ni con una confianza ciega en que todo saldrá bien. Se trata, más bien, de una esperanza epistémica: una disposición del pensamiento que, sin negar las dificultades, sostiene la posibilidad de que el conocimiento, la comprensión y el significado sigan siendo posibles incluso en condiciones adversas. Esta forma de esperanza no se apoya en la predicción del éxito, sino en una postura de apertura hacia lo «enseñable», hacia lo que aún no ha sido comprendido, pero que puede llegar a serlo. Esta esperanza no es voluntarismo ni ilusión. Es una forma epistémica de cuidado: confiar en que el mundo, a pesar de su fragmentación, de la crisis de autoridad o de la banalización del saber, sigue siendo un espacio que podemos compartir. Esta esperanza se funda en una «ética de la no-clausura»: el profesor no impone el sentido, pero lo pone a disposición de todos. El tiempo de la comprensión y el aprendizaje no coincide siempre con el tiempo de la enseñanza, y, sin embargo, enseñar es abrir ese tiempo, aunque (o precisamente porque) no tenemos control sobre sus efectos en el eventual aprendizaje de los alumnos.

Esta esperanza epistémica, no se apoya en la previsión de resultados, sino en una disposición intelectual que se mantiene abierta al otro, incluso cuando no hay indicadores inmediatos de progreso. Supone asumir que comprender no es un evento puntual ni acumulativo, sino un proceso discontinuo, demorado y a veces invisible. Esperar que algo se entienda y se aprenda es, en este sentido, un acto radicalmente pedagógico: confiar en que el mundo, aunque fragmentado y mediatizado, todavía puede hacerse comprensible para otros si hay quien lo sostenga y lo presente como algo susceptible de ser compartido.

Desde esta perspectiva, el profesor es mediador de sentido mientras transmite y presenta los contenidos. Cabe pensarlo como una figura diplomática: alguien que crea condiciones para que ocurra algo entre el saber y el alumno, sin garantizarlo ni forzarlo. Esta mediación requiere una disposición a permanecer en la tensión: entre claridad y ambigüedad, entre repetición y novedad, entre la preparación técnica y la disponibilidad afectiva. No es un profesional que ejecuta, sino un sujeto que expone y se expone[128]. En este gesto se juega también una forma de política pedagógica: resistir a la lógica del resultado, del impacto inmediato, del aprendizaje como evidencia. Pensemos en un profesor de Literatura que continúa explicando una novela compleja, sin reducirla ni simplificarla, aunque sus alumnos no se muestren entusiasmados ni motivados. O en una profesora de Matemáticas que insiste en la belleza de una fórmula, no porque todos capten su belleza en el momento, sino porque confía en que la forma también educa. Estos gestos no están guiados por la eficacia, sino por la esperanza epistémica: enseñar, aunque no haya demanda explícita ni responda a un interés ya existente del alumno, transmitir incluso cuando la respuesta, el eco, se demoren.

En este sentido, el profesor aparece como figura clave en la encarnación de esa esperanza epistemológica. Enseñar implica confiar en que el otro puede comprender, incluso cuando todo parece indicar lo contrario: cuando las condiciones sociales son hostiles, cuando los contextos vitales son frágiles, cuando los indicadores de aprendizaje no se están dando. La disposición docente no se reduce a una actitud afectiva o vocacional, sino que implica una postura intelectual que sostiene el acto de enseñar como una apuesta por el sentido. Esta postura docente tiene también una dimensión política. Enseñar desde la esperanza epistémica es resistir tanto al cinismo («para qué molestarse en enseñar nada») como al tecnicismo («así y solo así es cómo se ha de enseñar»). Tal y como sostiene Fernando Bárcena[129], en un contexto marcado por el debilitamiento del lazo entre generaciones y la pérdida de sentido de la transmisión, educar implica asumir una forma de presencia adulta que testimonia el valor del saber y del mundo ante los recién llegados. En su lectura filosófica de la relación educativa, Bárcena defiende que enseñar es un acto de mediación existencial y de pacto testimonial, donde el adulto no solo transmite contenidos, sino que da testimonio del mundo y de la cultura que lo precede. Esta transmisión es un gesto de cuidado y responsabilidad, profundamente esperanzado, que se inscribe en la continuidad del tiempo y de la experiencia humana.

Lo que mantengo implica ejercer un tipo de autoridad hospitalaria, que no se basa en la imposición, sino en la disponibilidad. Se trata de una disposición cercana a la figura del intérprete: alguien que media entre el mundo y los otros, que traduce sin clausurar, que expone sin dominar. Una noción de «autoridad» que no se deja depender sólo de la jerarquía, sino que es consecuencia de un acto de responsabilidad: la capacidad de sostener el sentido cuando se desvanece, de mantener abiertas las condiciones para que algo pueda ser comprendido. En un tiempo donde lo fáctico se impone, un profesor esperanzado resiste la tentación de la indiferencia y el abandono y del utilitarismo e instrumentalización absolutos, y sostiene la relación con el saber como algo valioso en sí mismo.

Desde esta perspectiva, el currículum se convierte en una estructura que materializa esa esperanza: no tanto porque garantice el aprendizaje, sino porque crea las condiciones para que este sea posible. Su selección de saberes no responde sólo a lógicas de utilidad o actualidad, sino a una fe razonada en que ciertos contenidos siguen mereciendo ser ofrecidos, compartidos, discutidos. Se trata de una selección cargada de sentido, en la que se cifra una confianza en la educabilidad del otro y en la potencia formativa del saber. Esta visión del currículum como expresión de esperanza epistémica entronca con una concepción de la enseñanza como cuidado: cuidado del mundo, de los contenidos, de los tiempos que la comprensión necesita, y también del propio deseo de enseñar. El profesor esperanzado no ignora las dificultades, pero no se rinde ante ellas. Mantiene abierta la posibilidad de que algo se entienda, aunque no sepamos cuándo ni cómo; confiar en que lo compartido puede activar, en el tiempo propio del alumno, un gesto de comprensión o de vínculo con el saber.

Esta disposición epistémica de la espera remite a la figura arendtiana del adulto como quien «asume la responsabilidad del mundo frente a quienes llegan». Enseñar no es garantizar que el otro aprenda, sino sostener la promesa de que aquello que se ofrece puede y merece ser recibido. Es una forma de compromiso con la apertura, que no se da por vencida, aunque no haya respuesta inmediata. En esa espera hay autoridad, pero también vulnerabilidad: se enseña sin saber si se acierta, se insiste sin certeza de si se tendrá éxito o no. Sin esta forma de fe razonada que es la esperanza, la enseñanza se vuelve gestión o adoctrinamiento.

En un contexto donde la satisfacción inmediata, lo cuantificable y lo eficaz dominan el discurso educativo, esta forma de esperanza resulta cada vez más contracultural. Pero es precisamente por eso que se vuelve pedagógicamente imprescindible: porque sostener el currículum como horizonte de sentido es también una forma de resistir a su degradación como mera herramienta instrumental.

CURRÍCULUM COMO PROMESA DE MUNDO COMPARTIDO

Un currículum implica siempre una toma de posición: seleccionar qué merece enseñarse y a qué edades, en el fondo, afirmar una visión del mundo y un compromiso con la necesidad de su transmisión. Enseñar no es simplemente transferir información, sino ofrecer un mundo: un conjunto de lenguajes, problemas, referencias y formas de vida que preceden a quienes enseñamos y también los exceden. En este sentido, el currículum es una forma de promesa: una promesa de mundo compartido, hecha desde una generación a otra. Esta promesa curricular se funda en un doble movimiento: conservar lo que merece ser transmitido y abrirlo a nuevas interpretaciones. Es un acto de amor por el mundo, que implica una lealtad tanto a los contenidos como a quienes los recibirán. En esta fidelidad al mundo compartido se juega la capacidad formativa del currículum: no porque imponga una visión única, sino porque permite que algo común sea ofrecido, discutido, disputado y mantenido.

Frente a las tendencias actuales que fragmentan el conocimiento en competencias performativas y perfiles de salida, descriptores y situaciones de aprendizaje o criterios de evaluación, deberíamos volver a pensar el currículum como un texto común. De hecho, la superabundancia de elementos curriculares técnico-pedagógicos vacía de sentidos e instrumentaliza la educación hasta su extenuación, dejándola convenientemente hueca, «necesitada» de formaciones y dependiente de plantillas para que los profesores puedan «rellenar» las prescriptivas programaciones y evaluaciones. Por otro lado, el riesgo de la personalización curricular no lleva solo a la pérdida de referentes culturales compartidos, sino también a la disolución del sentido de lo público: lo que se enseña deja de ser algo que nos vincula con otros y se convierte en un servicio a medida. Esta mutación del currículum en prestación individualizada pone de manifiesto una transformación más profunda: el abandono de la idea de herencia común. Lo común no es lo homogéneo, sino lo ofrecido en régimen de igualdad. No se trata de que todos aprendan lo mismo del mismo modo, sino de que todos tengan derecho a recibir algo que no depende de sus elecciones ni condiciones previas. Esta es la lógica de la herencia pedagógica: no se adapta al gusto de cada uno, sino que se ofrece como posibilidad formativa. Frente al modelo de «menú a la carta» que propone la personalización extrema, el currículum común es una estructura de equidad y de hospitalidad.

Si bien los documentos curriculares pueden (y suelen) limitarse a la gestión de requisitos y demandas burocráticas, lo que ocurre en el aula puede trascender los límites del marco burocrático cuando hay un profesor que convierte esa estructura en una invitación cultural y ética. Es en esa mediación cotidiana donde el currículum recupera su potencia formativa. Y es que la defensa de un currículum común no implica uniformidad, sino la convicción de que ciertas obras, lenguajes o problemas merecen ser presentados a todos, precisamente porque no surgen de sus preferencias inmediatas, sino que se encuentran más allá de ellas.

Esta idea se sitúa en una concepción del currículum como acto de hospitalidad. Enseñar es ofrecer un mundo a quien llega, sin saber qué es lo que tomará de él. No se trata de imponer una herencia, sino de dejarla disponible, como se deja una biblioteca abierta. Esta figura de la biblioteca abierta no es solo metafórica. En trabajos previos he propuesto pensar el currículum como un «almacén compartido»: una forma institucional de preservar saberes valiosos, que, aunque no puedan ser asumidos por todos de forma idéntica, deben poder encontrarse, tocarse, reactivarse. El profesor, en este contexto, no selecciona contenidos al azar ni responde a la demanda inmediata o motivación del momento del alumno, sino que actúa como guardián de esos bienes culturales, asumiendo que lo enseñado puede cobrar sentido mucho después, en momentos y circunstancias imprevisibles. Este aspecto asincrónico del currículum es clave para pensar su función democrática: lo que no interesa ahora puede ser vital más adelante; lo que no parece útil puede devenir imprescindible en otro tiempo biográfico o social.

La noción de currículum como «almacén compartido» permite entenderlo como una arquitectura cultural dispuesta a ser habitada, explorada, discutida. El profesor no entrega un producto, sino que abre un archivo: un conjunto de saberes que no se presentan como verdades incuestionables, sino como legados inacabados. Desde esta perspectiva, enseñar es también mantener viva una conversación intergeneracional, en la que el profesor actúa como mediador entre lo que se recibió y lo que aún puede decirse. Esa conversación no es imparcial, pero tampoco dogmática: reconoce el valor de los textos, los objetos y las formas que organizan nuestra comprensión del mundo tal y como ha llegado a ser como es hoy.

La selección curricular no es un gesto neutral: implica una responsabilidad pública sobre lo que se considera digno de ser conocido y compartido. En este sentido, el currículum como promesa se juega también en la posibilidad de apertura: abrir el mundo sin cerrarlo, mostrarlo sin clausurarlo, proponerlo sin imponerlo.

Desde la pedagogía post-crítica, esta defensa del currículum común no se contrapone a la inclusión o al reconocimiento de la diversidad, sino que constituye la condición de posibilidad de una escuela verdaderamente democrática. Una escuela que no renuncia a su vocación de igualar el acceso a lo común, que no relega los saberes en nombre de una flexibilidad mal entendida, y que no convierte el currículum en una herramienta para adaptar a los sujetos a un mundo dado, sino en una invitación para imaginarlo de otro modo.

Entender el currículum como promesa nos permite recuperar su dimensión cultural y simbólica: es un testigo que se entrega, una puerta que se abre, una llamada que se lanza sin saber si alguien responderá. Pero esa posibilidad de respuesta es precisamente lo que lo vuelve valioso: porque enseñar, en definitiva, es apostar a que alguien, algún día, pueda hacer algo nuevo con aquello que recibió. Esta promesa se cumple no porque todos respondan igual, sino porque hay algo que se deja en común, que queda disponible para ser retomado. Tal y como han propuesto Vlieghe y Zamojski[130], el currículum y sus contenidos no son solo un medio, sino que son un fin en sí mismos: no están ahí para vehicular competencias, sino para organizar el encuentro con el mundo. Defender el contenido como «sustancia» no implica nostalgia, sino reconocimiento: hay algo que importa más allá de su utilidad, algo que no se reduce a su función ni a su formato. Esta es la promesa del currículum: que hay mundo, que ese mundo puede ser compartido, y que alguien, algún día, pueda hacer algo nuevo con lo recibido.

Pero para que el currículum pueda cumplir esta función de promesa, necesita estructuras institucionales que lo resguarden y profesores que lo sostengan. No se trata de canonizar contenidos, sino de confiar en que ciertos textos, ideas y obras contienen preguntas que no hemos agotado ni resuelto de manera definitiva. Como también ha señalado el filósofo Roger Scruton[131], defender el valor de la alta cultura no es excluyente si se ofrece como un gesto de hospitalidad, no de imposición. Esa promesa de mundo compartido que se sustancia en el currículum es, en última instancia, una promesa de inteligibilidad: la convicción de que el mundo puede seguir siendo leído, comprendido, habitado, compartido.

¿QUÉ MERECE SER ENSEÑADO? LA PREGUNTA CURRICULAR COMO PREGUNTA ÉTICA

Una de las tareas más urgentes para volver a pensar el currículum desde una perspectiva pedagógica afirmativa es desplazar la pregunta técnica (¿cómo enseñar más eficazmente?) y la pregunta crítica (¿qué estructuras de poder reproduce lo que enseñamos?), para abrir la posibilidad de una pregunta ética: ¿qué merece ser enseñado? Esta tercera pregunta nos obliga a reconsiderar el valor intrínseco de los contenidos escolares más allá de su rendimiento inmediato, de su utilidad funcional o de su deconstrucción crítica, que a menudo se queda en la denuncia circular y asfixiante intelectualmente que no ofrece horizontes habitables de sentido. Lo que se brinda a través del currículum no solo configura el conocimiento escolar, sino que también expresa una visión de la vida que vale la pena ser compartida y cultivada, algo que requiere ir más allá del gesto crítico para recuperar la dimensión afirmativa de la enseñanza.

En este contexto, cabe reivindicar el currículum como un espacio para el encuentro con los saberes, no como un instrumento de entrenamiento técnico ni como una plataforma para inculcar convicciones morales previamente establecidas. Reducir, por ejemplo[132], disciplinas como la Historia a un vehículo de educación cívica o activismo identitario puede terminar por vaciar su potencial formativo más genuino: el desarrollo de una mirada crítica, fundada en los procedimientos del oficio y no en la adopción de lecciones morales precocinadas. Enseñar Historia, aquí, por ejemplo, no es usar el pasado para ilustrar valores contemporáneos, sino invitar al pensamiento histórico, al análisis riguroso y al juicio situado. Esta advertencia resulta clave si queremos sostener una esperanza epistémica que no se confunda con retóricas edificantes, sino que apueste por la construcción lenta y rigurosa del conocimiento. Un tipo de razonamiento similar podría aplicarse a otras disciplinas del currículum, donde también es frecuente justificar su presencia por los beneficios externos que prometen (empleabilidad, utilidad práctica, competencias transversales, pensamiento crítico), en lugar de profundizar en los bienes internos que las constituyen como formas valiosas de conocimiento en sí mismas.

En un clima educativo cada vez más condicionado por lógicas de mercantilización, adaptabilidad y éxito individual, así como de enfoques críticos que, aunque valiosos en su capacidad de revelar injusticias, a menudo se detienen en la deslegitimación sin ofrecer alternativas habitables, la pregunta ética se convierte en un gesto de resistencia. Resistencia frente al hacer de la educación un entrenamiento de competencias blandas; frente a la obsesión con las habilidades para un futuro indeterminado; frente a la reducción de lo que se enseña a lo que puede traducirse en resultados medibles. En este contexto, la pregunta por lo que merece ser enseñado se sitúa también en el corazón de los debates contemporáneos sobre justicia curricular y memoria pública. El contenido escolar no es solo una herramienta de transmisión cultural, sino una selección de lo que una comunidad considera valioso, discutible o digno de preservarse. ¿Debe el currículum incluir voces marginales, memorias heridas, textos incómodos? ¿Puede el aula ser también un espacio de exposición a lo que cuesta comprender o aceptar? Formular esta pregunta es reconocer que enseñar implica tomar posición ante las tensiones del presente, no resolverlas. La pregunta ética reorienta la atención hacia los fines, no solo los medios, y reivindica la enseñanza como práctica de selección cultural deliberada.

Esta pregunta ética cobra especial relevancia en el contexto de disputas actuales sobre la legitimidad de ciertos contenidos escolares: los currículums de historia, literatura, educación sexual o ciudadanía han sido objeto de revisión, censura o cuestionamiento en muchos países. Decidir qué enseñar es asumir una responsabilidad sobre la representación del mundo y de las memorias colectivas. El currículum, más que un consenso técnico, es una deliberación pública en la que se decide qué vidas importan, qué voces se transmiten, qué experiencias se legitiman. En este sentido, formular la pregunta curricular en clave ética no es evadir el conflicto, sino permitir que se vuelva educativo.

Esta selección nos remite inevitablemente a una concepción del mundo que se desea transmitir. Enseñar es tomar partido, elegir y priorizar unas cosas sobre otras, hacer diferencias: por ciertos textos, lenguajes, problemas y formas de mirar la realidad. No se trata de neutralidad, sino de responsabilidad. Una responsabilidad que no implica rigidez ni canon cerrado, pero sí la convicción de que no todo vale lo mismo, de que hay saberes que merecen ser preservados y ofrecidos a las nuevas generaciones precisamente porque nos ayudan a comprender mejor el mundo y a habitarlo con más lucidez. Seleccionar lo que merece ser enseñado no implica negar la diversidad, pero sí reconocer que toda selección implica una exclusión. No todo lo excluido lo es por negligencia: a veces es por indiferencia estructural. Hay saberes, memorias o estéticas que no han tenido lugar en la tradición escolar simplemente porque sus portadores no tuvieron acceso a la transmisión. La ética curricular, entonces, también consiste en revisar qué ausencias son injustas y traicionan la memoria y qué elementos están demasiado presentes[133]. Sin caer en una lógica compensatoria mecánica, se trata de asumir que el currículum no es un espejo neutro del mundo, sino una propuesta situada de mundo compartido que a cada generación nos corresponde definir.

En este contexto, la acción educativa no debe limitarse a resistir pasivamente las derivas funcionalistas. Es posible (¡y necesario!) poner en marcha una imaginación curricular que proponga formas de inclusión y exclusión deliberadas y justificadas: lecturas que pongan en diálogo tradiciones distintas, preguntas que tensionen el canon sin romperlo, temporalidades que permitan la apropiación lenta del saber. La escuela puede ser así un laboratorio donde se ensaya el tipo de mundo que vale la pena sostener entre todos. Esta toma de posición no se agota en el diseño técnico curricular, sino en las prácticas concretas de profesores concretos en aulas concretas. El currículum es también un lugar de fricción: entre lo común y lo particular, entre lo heredado y lo posible, entre el deseo de justicia y la necesidad de orden. Un ejemplo elocuente de esto son los monumentos y memoriales: dispositivos que no enseñan «contenidos» en sentido convencional, pero que generan una experiencia curricular, al poner a los alumnos en contacto con una memoria controvertida, una ausencia elocuente o un silencio social. En este sentido, ampliar la noción de currículum permite incluir lugares, gestos, objetos y textos que nos enfrentan a la pregunta por lo que aún debe ser recordado y enseñado.

En este sentido, el currículum como pregunta ética no contradice la pedagogía post-crítica, sino que, más bien, la radicaliza. Frente al desmontaje decolonial permanente de contenidos considerados ideológicos o eurocéntricos, se propone un gesto de selección afirmativa: no aceptar sin críticas lo heredado, pero tampoco desmantelarlo por principio. Pensar que lo que merece ser enseñado exige criterio, escucha y convicción. Y que también exige tiempo: el tiempo largo de la lectura, de la espera, de la conversación compartida.

La enseñanza, así entendida, se convierte en una forma de cuidado: cuidado de lo que vale la pena ser legado, y cuidado de quienes podrían recibirlo. En esta doble dimensión, la práctica curricular aparece como un lugar privilegiado para sostener la relación entre generaciones, para recordar lo olvidado y para volver a nombrar lo que aún importa. La pregunta por lo enseñable es, en el fondo, una pregunta por el mundo que estamos dispuestos a seguir compartiendo.

La ética del currículum exige, entonces, no solo seleccionar lo que se enseña, sino sostener el debate sobre por qué y para quién se enseña. Se trata de una tarea inacabada, situada y vulnerable, pero también fecunda: porque implica tratar a los alumnos no como consumidores de recursos didácticos, sino como interlocutores de una tradición que se reactualiza en su presencia. Y es que la pregunta por lo que merece ser enseñado es inseparable de otra más profunda: ¿qué tipo de vínculo con el mundo (y con los otros) estamos dispuestos a sostener a través de la escuela? En este contexto, resulta fundamental reivindicar la construcción colectiva de un núcleo común cultural, no como canon sagrado ni como repositorio paralizado, sino como espacio de deliberación pedagógica continua. Esta tarea no puede delegarse a algoritmos ni a consensos coyunturales: exige criterio docente, debate social y una escucha activa a las transformaciones culturales sin perder de vista la brújula de lo que merece ser ofrecido a todos y preservado para quienes están por venir.

En esta tarea, el juicio docente adquiere un valor irremplazable. No hay inteligencia generativa que decida qué merece ser enseñado; solo una conversación cultivada, históricamente informada y éticamente dispuesta puede orientar esa selección. Esta conversación, en la que se incluyen a colegas, textos, memorias, alumnos, es la materia misma del pensamiento pedagógico. La escuela no puede renunciar a la exigencia de ofrecer aquello que vale no solo por su utilidad, sino por su capacidad de abrir horizontes de sentido, belleza y justicia. En última instancia, enseñar es comprometerse con una imagen del mundo que merezca ser compartida.

TIEMPOS DE ESPERA: ENSEÑAR SIN GARANTÍAS

Enseñar no es un acto instantáneo ni garantiza resultados inmediatos. Quienes enseñan saben que el sentido de lo que se ofrece puede tardar en llegar, o incluso no llegar nunca de manera visible. Esta condición de demora, de espera entre el acto de enseñar y la posible recepción del saber, no es un defecto del proceso educativo, sino una de sus dimensiones esenciales. Enseñar es, en este sentido, una forma de esperar con otros. Esta espera, en tanto forma de resistencia pedagógica, exige un posicionamiento docente que no siempre es visible ni recompensado. Un profesor que espera no se limita a mantener la calma: sostiene la posibilidad de sentido en una época acelerada. En ese demorar, lo enseñado encuentra espacio para depositarse, para entrelazarse con la vida de los alumnos, incluso si no puede medirse. El tiempo del aprendizaje no es el de la inmediatez, sino el de la formación: lento, discontinuo, a veces silencioso.

La pedagogía de la espera reconoce que hay un tiempo de la enseñanza que no coincide con el tiempo de la evaluación ni con los plazos de la política educativa. El currículum requiere ser ofrecido sin la certeza de su apropiación inmediata. Esta espera no es pasiva: es un gesto activo de cuidado, una forma de confianza sostenida en la posibilidad de que algo se comprenda, se recuerde, se retome más adelante, incluso mucho tiempo después de haber sido enseñado. Esta pedagogía de la espera no solo redefine la temporalidad de la enseñanza, sino también su estructura relacional. Supone reconocer al otro como un sujeto cuya respuesta no se puede exigir ni predecir. Enseñar es abrir un espacio en el que algo puede acontecer, pero sin forzar su aparición. Es sostener una relación educativa en la que el saber se ofrece con la esperanza de que sea acogido, reelaborado, transformado, aunque no sepamos cuándo ni cómo. Estas formas de espera se sustancian y materializan en gestos concretos y sencillos: cuando una profesora lee en voz alta un texto que sabe complejo, pero confía en que algo quedará resonando; cuando un profesor deja abierta una pregunta al final de la clase, sin exigir respuesta; cuando se retoma por cuarta vez la ley de la inercia, sabiendo que su verdadero alcance no se capta de inmediato. Estas escenas, aunque intrascendentes desde la lógica del rendimiento, expresan una esperanza activa: la de que el pensamiento necesita tiempo, y que esa demora merece ser cuidada.

Esta forma de espera se parece más a un estado de vigilancia amorosa que al de una expectativa de productividad. El profesor espera, pero no espera cualquier cosa: espera que algo se despierte. Esta espera guarda relación con lo que Hannah Arendt identificaba como el compromiso de los adultos con el mundo: sostenerlo lo suficiente como para que otros puedan encontrar su lugar en él. El currículum se convierte así en una colección ordenada de contenidos arrojados hacia adelante, sin garantías de recepción, pero con la fe razonada, con la esperanza, en que lo ofrecido vale por sí mismo, incluso si no hay respuesta inmediata. Esta esperanza compartida es una forma radical de hospitalidad: no se trata de preparar al otro para que responda según nuestras expectativas, sino de sostener el espacio en el que algo pueda emerger desde él y lo que le presentamos.

En un contexto dominado por indicadores, resultados y eficacia, esta forma de enseñanza se presenta como una práctica contracultural. Pero también como una posibilidad profundamente pedagógica: porque solo quien espera sin garantías puede seguir enseñando sin cinismo. Solo quien acepta la espera puede ofrecer el saber sin ansiedad. Y solo quien se compromete con el tiempo puede sostener una experiencia educativa que no se agote en la inmediata verificación de sus efectos. En esta lógica temporal, el error, el olvido o la repetición no son fallos que corregir rápidamente, sino fenómenos constitutivos del aprender. Estas formas «improductivas» del tiempo educativo permiten que el saber se asiente, que la palabra vuelva y que el deseo de comprender se renueve. Es la imagen de una pedagogía que no acontece al ritmo de la técnica, sino al de la confianza. Cuando el alumno percibe que lo que se enseña le es ofrecido sin prisa, sin urgencia de resultado, sino desde el valor y sentido de lo que se le presenta y a lo que se le invita, se abre un margen de recepción genuina. Esa recepción no siempre se traduce en comprensión inmediata, pero puede dejar huella: un texto recordado, una pregunta que regresa, una disposición a volver sobre lo que se dejó en espera. Y esa confianza se expresa en la decisión de no acelerar, de no forzar, de no concluir antes de tiempo. Esta cultura de la medición anticipada modela no solo qué se enseña, sino cuándo y cómo. Todo debe estar justificado de antemano, registrado en rúbricas, vinculado a un indicador observable. Esta temporalidad administrativa, proyectada hacia resultados performativos, choca frontalmente con la temporalidad formativa, que necesita incertidumbre, repetición, descanso. Así, defender la espera no es solo un gesto pedagógico, sino una forma de resistir a los regímenes de control que intentan persistente y cíclicamente «domesticar la enseñanza»[134].

Esta forma de entender la temporalidad escolar como espacio no colonizado por la urgencia de resultados ni por fines predefinidos encuentra eco en ciertos planteamientos[135] que reivindican la escuela como tiempo libre: un tiempo liberado del rendimiento y la politización programática, donde el mundo y los sujetos puedan aparecer. Así, preservar este tiempo improductivo no sería una renuncia, sino una decisión profundamente política: la de confiar en que algo pueda surgir cuando no todo está ya dicho o decidido. Así entendida, la enseñanza se convierte en una forma de cuidado del tiempo: del tiempo que necesita el pensamiento, del tiempo que requiere la transformación, del tiempo largo que implica la formación de un juicio o de un deseo. Esta pedagogía de la espera implica también una concepción distinta de la autoridad: no como control, sino como custodia del tiempo formativo. Es importante pensar al profesor como «quien cuida la posibilidad de que algo tenga lugar», incluso cuando la clase parece errática, incluso cuando los resultados no se manifiestan. Este profesor actúa desde la confianza en que algo de lo compartido permanecerá, se transformará o regresará, aunque sea en formas que no hemos previsto. Enseñar es, en ese sentido, una forma de hospitalidad hacia lo no previsto.

La pedagogía de la espera es también y sobre todo una pedagogía de la esperanza: espera que algo ocurra, que algo se despierte, que algo se entienda. Y mientras tanto, sostener el gesto de ofrecer, sin rendirse al desencanto ni al control. En esa espera, el currículum deja de ser una planificación cerrada para convertirse en un espacio de resonancia posible. No se transmite como un paquete cerrado, sino como una invitación abierta. El profesor, entonces, no solo transmite un contenido, sino que custodia la espera: protege la posibilidad de sentido, mantiene abierta la pregunta, deja lugar a la sorpresa. En esa tarea silenciosa y persistente se juega también la maestría artesana propia del oficio de enseñar. Defender esta forma lenta, sostenida y sin garantías de la enseñanza es también un gesto político. En un sistema que mide, acelera y protocoliza cada paso, sostener tiempos no inmediatos es resistir desde el aula. Enseñar sin exigir respuesta es una forma de hospitalidad radical: se abre el mundo al otro sin domesticarlo, se confía en que algo brotará, aunque sea en un tiempo que no se puede planificar con precisión. Esta pedagogía de la espera preserva el misterio del aprendizaje sin renunciar a la exigencia del cuidado.

Parte de esta erosión no es solo cultural, sino también estructural. La presión de las políticas de rendición de cuentas, estimulan bajo formas alocadas y descontroladas de burocratización, la inestabilidad de los modelos curriculares y su normativa y la precarización y degradación de las condiciones de trabajo de los profesores, han convertido a la escuela en un espacio donde el tiempo largo del pensamiento se vuelve inviable. La esperanza curricular no es solo una disposición personal, sino una forma de resistencia institucional que necesita respaldo normativo y comunitario para no quedar reducida a actos heroicos y aislados.

MÁS ALLÁ DEL AULA: ESPACIOS, OBJETOS Y TIEMPOS DEL LEGADO ESCOLAR

La esperanza curricular no se agota en los contenidos prescritos ni en las secuencias didácticas cuidadosamente planificadas. También habita los márgenes de la escolaridad formal: en los espacios, los objetos y los ritmos que sostienen cotidianamente la posibilidad de transmisión educativa. Si el currículum es una promesa de mundo compartido, esa promesa no se cumple solo a través de lo dicho, sino también de lo dispuesto: de lo que se muestra, se preserva, se deja estar.

Las bibliotecas escolares, los pasillos llenos de carteles, los mapas arrugados en las paredes, los libros sin tocar en los armarios, los relojes que marcan la jornada: todos estos elementos configuran una pedagogía silenciosa que comunica una cierta idea de escuela y de mundo. En palabras de Arendt, educar implica introducir a los nuevos en un mundo anterior a ellos, dispuesto para ser habitado. Esa disposición es siempre material: no se enseña solo con palabras, también con objetos que nos preceden y nos sobreviven. Vivimos entrelazados con las cosas; y las cosas también educan.

En este sentido, los objetos escolares no son meros instrumentos: son custodios silenciosos de una memoria institucional. El pupitre con nombres grabados, la estantería con diccionarios de aula, el timbre que marca el cambio de clase… todos ellos configuran una coreografía material que comunica una visión del tiempo, de la autoridad y del saber. Estos objetos enseñan sin hablar. Pertenecen a lo que podríamos llamar el «currículum encarnado»: formas materiales de cuidar y conservar lo común, que actúan como mediaciones entre generaciones.

Esta pedagogía expandida no sustituye al currículum, pero lo acompaña y lo encarna. Cuando una biblioteca escolar está bien cuidada, no solo es un recurso: es una señal de que el saber merece ser conservado, de que hay algo que vale la pena buscar, esperar o volver a consultar. Un aula con libros, mapas, textos y rastros de pensamiento no es solo más rica: es más hospitalaria. Enseña sin hablar que allí se espera algo del conocimiento, que hay una memoria que se respeta, que hay una promesa que se sostiene. Por eso, cuando estos espacios se degradan (cuando la biblioteca se convierte en almacén, cuando los murales escolares son borrados, cuando los libros desaparecen de las aulas), no solo se pierde un recurso: se rompe una promesa. La escuela ya no se presenta como un lugar que cuida el mundo, sino como un espacio funcional que administra cuerpos y tiempos. Esta transformación refleja una erosión del pacto educativo: el abandono del legado común y su sustitución por una lógica de gestión sin memoria.

Esta dimensión material y simbólica de la escuela ha sido recuperada, estudiada y resignificada por la museología educativa, particularmente desde los museos pedagógicos universitarios. Lejos de ser espacios del pasado congelado, estos museos se configuran como laboratorios vivos para reconstruir la cultura escolar, dinamizar aprendizajes intergeneracionales y preservar el patrimonio histórico-educativo[136]. Experiencias como la del Museo de Historia de la Educación «Manuel Bartolomé Cossío» muestran que conservar objetos escolares no es un gesto nostálgico, sino una apuesta formativa: permiten reconstruir saberes olvidados, revisar prácticas pedagógicas y sostener una memoria colectiva de lo que fue y puede ser la escuela. Desde esta perspectiva, cada pupitre, mapa escolar o cuaderno no es solo un objeto, sino una puerta de entrada a la comprensión encarnada de una tradición educativa. En ellos encontramos una forma de esperanza: la de que lo escolar siga siendo digno de ser cuidado y transmitido.

Del mismo modo, hay tiempos escolares que no figuran en el currículum, pero lo hacen posible. El recreo, la espera antes de que empiece la clase, los minutos que se extienden en una lectura colectiva, las repeticiones rituales del calendario escolar: todo ello construye un ambiente que puede favorecer o desactivar la transmisión. Estos tiempos no productivos, no acelerados, son también formativos, porque permiten la sedimentación de lo enseñado y la apertura de lo inesperado. La esperanza en educación nos remite al tiempo necesario para que algo madure, para que algo emerja. Esta pérdida de espesor institucional tiene raíces profundas. En muchos sistemas educativos, el presentismo se ha convertido en una ideología no declarada: importa solo lo que es útil ahora, medible hoy, rentable mañana. Frente a esta lógica, sostener lo que no ofrece resultados inmediatos (una biblioteca viva, un corcho de aula actualizado, un libro leído en voz alta) es un gesto netamente político. Como afirma Arendt, la educación es el lugar donde el mundo se presenta como digno de ser conservado. Esa dignidad no se proclama, se encarna en los gestos, los ritmos y los objetos de la vida escolar.

En este sentido, el profesor no es solo un transmisor de saberes, sino también un creador de ambientes, un cuidador de espacios y de tiempos. La promesa curricular se sostiene en estos gestos mínimos: mantener una biblioteca actualizada, recoger y corregir los cuadernos escolares, dejar tiempo para que surja una pregunta. Más allá del aula, la escuela en su conjunto puede leerse como un texto que se ofrece, como un cuerpo institucional que se dedica a cuidar la posibilidad de lo común. No olvidarlo es también un gesto de esperanza. Esta esperanza no es solo una cuestión de convicción personal o virtud docente. Es también una construcción política e institucional: necesita condiciones estructurales, tiempos protegidos y una comunidad que valore lo que no siempre produce resultados inmediatos. Enseñar lo que importa (aunque no sea demandado, aunque no sea medible) requiere un entorno que reconozca el sentido profundo del ofrecimiento curricular.

Sostener esa esperanza, en tiempos de aceleración, sospecha o cinismo, es más difícil que nunca. Pero justamente por eso, resulta también más necesario que nunca. Una pedagogía esperanzada no es una pedagogía ingenua, sino una que decide seguir enseñando sin garantía de éxito, seleccionando lo valioso, aunque no se demande, ofreciendo mundo, aunque no se sepa aún quién querrá habitarlo. El currículum, entonces, no es solo lo que se enseña: es también lo que se cuida, se sostiene, se pone en común para quienes vendrán. Esta promesa no puede descansar únicamente en la ética individual del profesorado. Requiere políticas institucionales que protejan, financien y reconozcan los entornos simbólicos y materiales que hacen posible la transmisión. Bibliotecas, archivos, espacios comunes y tiempos escolares deben dejar de ser lo primero que se recorta o externaliza: son los lugares donde la escuela dice, sin palabras, que aún cree en lo que enseña. Porque enseñar, hoy también, todavía consiste en creer que algo del mundo puede salvarse si es compartido con otros, con cuidado, con convicción y con tiempo.

EPÍLOGO
NUEVA CARTA A LA
ESCUELA ESPAÑOLA

Te escribo esta carta como quien se sienta a hablar con alguien querido, alguien que ha sido parte de la vida cotidiana de millones, alguien que llevamos tanto tiempo nombrando que, a fuerza de repetir tu nombre, a veces nos olvidamos de escucharte. A lo largo de estas páginas he intentado pensar contigo, y también sobre ti. He intentado comprenderte desde lo que fuiste, lo que aún eres y lo que podrías seguir siendo. He intentado defender que conservar la educación no es un acto de nostalgia, ni una renuncia al cambio, sino una forma de cuidado: un compromiso ético con aquello que aún merece ser enseñado y compartido. Y contigo, que encarnas el esfuerzo colectivo de generaciones, ese compromiso debe ser firme, sostenido, vigilante.

Me cuesta pensar en otro espacio donde el vínculo entre generaciones se mantenga de forma tan cotidiana, aunque tantas veces pase desapercibido. La escuela, con todas sus limitaciones, sigue siendo uno de los pocos lugares donde los mayores se ocupan activamente de ofrecer algo a quienes aún no lo conocen, no como imposición, sino como posibilidad. Ese gesto es profundamente político en sus potencialidades y profundamente humano en su vulnerabilidad: implica exponerse al rechazo, al silencio o a la incomprensión, y aun así seguir ofreciendo, confiando en que algo pueda ser acogido. Por eso, escribirte no es solo un ejercicio de diagnóstico, sino también de gratitud.

Sé que no atraviesas tu mejor momento. Te rodean promesas de reformas exprés, planes de refuerzo improvisados, retóricas salvadoras de innovación permanente, y un lenguaje tecnocrático que reduce tu sentido a indicadores y rankings. Te acusan de estar obsoleta, de ser lenta, de ser resistente al cambio, de no estar a la altura de las nuevas urgencias. Algunos quieren que te conviertas en una extensión del mercado laboral, otros en un escenario de activismo cultural, otros en una incubadora de emprendimiento. Pocos recuerdan, sin embargo, que tu tarea más difícil y valiosa sigue siendo esta: alfabetizar. Abrir el mundo del lenguaje, de los números, de la historia, de las ciencias, de las ideas, de las artes. Abrir mundos posibles para quienes nacen en condiciones materiales muy desiguales. Permitir que el conocimiento acumulado y valioso pueda llegar a circular como bien común, no solo como privilegio hereditario.

He visto cómo cada nueva reforma te exige hacer más con menos, adaptarte más rápido, justificarlo todo antes de que empiece. Como si enseñar no fuese ya lo bastante difícil. Como si tuvieras que convertirte en una fábrica de competencias transferibles. Me pregunto si quienes te rediseñan desde arriba te han escuchado de verdad alguna vez desde abajo: en un claustro, en una sala de profesores, en una tutoría, en una clase.

Tú no necesitas promesas huecas ni discursos espectaculares. Necesitas mejores condiciones materiales: ratios humanas, tiempos pausados, estabilidad y minimalismo normativos, recursos predecibles y estables, formación seria, respeto profesional. Necesitas menos titulares y más constancia. Más política educativa y menos educación politizada. Porque enseñar no puede ser ni un acto heroico ni una tarea imposible. Enseñar es una forma lenta y persistente de justicia. Es una práctica que solo puede sostenerse si se cuida a quienes la llevan a cabo: los profesores, esos artesanos silenciosos de la esperanza que, cada día, mantienen viva la posibilidad de que alguien aprenda algo nuevo, algo valioso, algo que lo ayudará a comprender mejor el mundo y su lugar en él.

También te pido que no renuncies al pasado. No porque todo tiempo pasado haya sido mejor, sino porque nadie puede transformar el mundo si no sabe de qué está hecho. Conservar la educación implica también conservar una memoria, una herencia, una tradición de saberes que no tienen por qué ser reemplazados cada vez que cambia un gobierno o llega una nueva moda educativa. Sigue siendo urgente que seas el lugar donde se aprende a leer con profundidad, a escribir con precisión, a razonar con claridad, a argumentar con respeto, a dudar con inteligencia. El lugar donde se conoce el pasado sin quedar atrapado en él, y se imagina el futuro sin tenerle miedo. Donde los más jóvenes descubren que pueden comprender lo que al principio parecía inalcanzable, que pueden pensar por sí mismos, nombrar lo que les pasa y tal vez cambiar lo que no les gusta.

Necesitamos hablar más sobre qué merece ser enseñado, y por qué. No todo vale lo mismo, no todo puede ser reemplazado por actividades motivadoras o temas de moda. Hay lenguajes, textos, problemas que nos han formado como sociedad y que no deberían perderse: basta una generación para que el olvido actúe. La escuela no es un reflejo del presente, sino una invitación a entrar en una conversación más larga, más exigente, más generosa. Enseñar es también confiar en que otros sabrán recoger esa herencia, incluso si ahora no la entienden del todo.

Reivindico una escuela que no se limite a responder a las urgencias del presente, sino que conserve la capacidad de formar sujetos con criterio, con imaginación moral, con capacidad de escucha. Una escuela que no se deje atrapar por la ansiedad del rendimiento inmediato ni por el espejismo de la solución tecnológica para todos los males. Una escuela que no convierta cada clase en un laboratorio de metodologías, ni cada profesor en un gestor de plataformas. Porque educar no es aplicar protocolos, sino mantener conversaciones a lo largo del tiempo: con lo que hubo antes, con lo que está pasando, con lo que está por venir.

Tú sabes hacerlo. A lo largo de tu historia, lo has hecho muchas veces. Has resistido dictaduras, recortes, burocracias absurdas, desprecios. Has sido refugio, umbral, trampolín, lugar de paso y punto de encuentro. Te han llamado de muchas maneras, te han reformado hasta la extenuación, te han usado como campo de batalla ideológico. Y a pesar de todo, sigues siendo el espacio donde algo esencial sigue ocurriendo: alguien que sabe algo se lo ofrece a alguien que aún no lo sabe. Alguien comparte un lenguaje, una mirada, una forma de estar en el mundo. Y ese gesto, tan simple y profundo, sigue siendo el corazón de la experiencia educativa.

Me gustaría pedirte que recuerdes tu vocación pública. No sólo porque seas financiada con dinero de todos, sino porque existes para *todos*. No eres una extensión de la familia ni una prefiguración del mercado laboral. Eres un espacio singular, con reglas propias, donde el encuentro con el mundo ocurre a través del saber. Un espacio en el que todo niño puede ser acogido no por lo que trae consigo, sino por lo que puede llegar a hacer con lo que se le ofrece. Que tu misión no sea satisfacer deseos del momento ni adaptarte servilmente a cada nueva demanda social, sino formar el deseo mismo: abrir el deseo de conocer, de comprender, de pertenecer a algo más grande que uno mismo.

Espero que quienes te piensan y te gobiernan, quienes te nombran desde el estrado o el despacho, sepan escucharte sin deformarte. Que te defiendan sin instrumentalizarte. Que te reformen con sentido y no con urgencia. Y que quienes trabajan contigo, desde las colegios e institutos, las familias o las universidades, no olviden lo esencial: que la educación no es el lugar donde se responde a todas las demandas de la sociedad, sino donde se cultivan las condiciones para que otras respuestas puedan nacer.

Te hemos pedido demasiadas cosas en muy poco tiempo. Que integres, que cures, que compenses, que resuelvas lo que otras políticas desatienden. Y, sin embargo, sigues ahí. Te sostienen miles de gestos invisibles: una lectura compartida, una explicación que se repite, una biblioteca escolar que se abre durante el recreo, aunque no haya tiempo. Todo eso, aunque no se mida ni se vea, sigue haciendo escuela. Por eso cuidarte no es un gesto sentimental: es una forma concreta de sostener el mundo.

Tú no necesitas discursos que te salven, sino decisiones que te cuiden. No necesitas ser reinventada desde fuera, sino ser comprendida desde dentro. Lo que necesitas es que te den tiempo, palabras, escucha, memoria. Y esperanza.

NOTAS

Introducción

1   Principalmente: Bianca Thoilliez, «The Craft, Practice, and Possibility of Teaching», *Studies* in *Philosophy and Education* 38, n°. 5 (2019): 555-562. Bianca Thoilliez, «Hope and education beyond critique. Towards pedagogy with a lower case 'p'», *Ethics and Education* 14, n°. 4 (2019): 453-466. Bianca Thoilliez, «Conservar, legar, desear. Prácticas docentes edificantes para restaurar el carácter público de la educación», *Revista de Educación* 395 (2022): 61-83. Bianca Thoilliez «La educación ensimismada. Por qué una pedagogía orientada a la felicidad y la diversidad privatiza los bienes escolares» (Bianca Thoilliez y Jesús Manso (coords.), *La educación, ¿bien común, derecho individual o servicio público?* (Madrid: Síntesis, 2023), 75-86). Bianca Thoilliez, «Redeeming Education after Progress: Composing Variations as a Way Out of Innovation Tyrannies», *Journal of Philosophy of Education* 57, n°. 6 (2023): 1087-1102.

2   Concretamente: Fernando Gil, «Escenarios y razones del antipedagogismo actual», *Teoría de la Educación. Revista Interuniversitaria* 30, n°. 2 (2018): 29-51.

3   Jaume Trilla, «Pedagogismo (I): El aire de familia del antipedagogismo», *El Diario de la Educación* (24/01/2025). Jaume Trilla, «Pedagogismo (II): fobias y filias del antipedagogismo», *El Diario de la Educación* (28/01/2025). Jaume Trilla, «Pedagogismo (III): el antipedagogismo a veces tiene razón», *El Diario de la Educación* (31/01/2025).

4   Hacerles justicia es imposible, me limito aquí a recoger una pequeña parte de su más reciente producción bibliográfica (a la que habría que sumar su consistente intervención en diferentes medios de comunicación y prensa de opinión): David Rabadà, *Educación basurizada: El cáncer de las pseudociencias en educación* (Barcelona: Dobleuve, 2025). Andreu Navarra, *Volver a aprender* (Barcelona: Plataforma editorial, 2024). Damià Bardera, *Incompetencias básicas: Crónica de un disparate educativo* (Barcelona: Ediciones Península, 2025). Olga García y Enrique Galindo, *Aprendizaje Basado en Proyectos. Un aprendizaje basura para el proletariado* (Madrid: Akal, 2024). Javier Mestre y Carlos Fernández Liria, *Escuela y libertad: Argumentos para defender la enseñanza frente a políticas educativas y discursos pedagógicos demenciales* (Madrid: Akal, 2024). Víctor Guiu, *Restar llevando: Mal-tratado breve sobre ¿Educación?*

(Barcelona: Dobleuve, 2024). Ánjel M. Fernández, *Había del verbo a ver: Diario del instituto* (Logroño: Pepitas de calabaza, 2023). Pablo Á. Gil, *Tizas rotas* (Sevilla: Donbuk, 2022). Pascual Gil, *Schola delenda est?* (Barcelona: Apostroph, 2022). Alberto Royo, *Breviario antipedagogista* (Barcelona: Plataforma editorial, 2022). Xavier Massó, *El fin de la educación* (Madrid: Akal, 2021). Beatriz Rabasa, *Esta educación es una ruina* (Valencia: Brief Ediciones, 2021). José Sánchez Tortosa, *El culto pedagógico* (Madrid: Akal, 2018).

5   Jaume Trilla, «Hacer Pedagogía hoy» (Julio Ruiz Berrio y Gonzalo Vázquez Gómez (eds.), *Pedagogía y Educación ante el Siglo XXI* (Madrid: Universidad Complutense de Madrid, 2005), 288).

6   Véase: Naomi Hodgson, Joris Vlieghe y Piotr Zamojski, *Manifesto for a Post-Critical Pedagogy* (Londres: Punctum Books, 2017). Naomi Hodgson, Joris Vlieghe y Piotr Zamojski, «Manifestations of the post-critical: From shared principles to new pedagogical paths», *Teoría de la Educación. Revista Interuniversitaria* 32, n°. 2 (2020): 13-23. Stefano Oliverio, «An edifying philosophy of education? Starting a conversation between Rorty and post-critical pedagogy», *Ethics and Education* 14, n°. 4 (2019): 482-496. Stefano Oliverio, «'Post-critiquiness' as nonviolent thing-centredness», *On Education. Journal for Research and Debate* 3, n°. 9 (2020): 10.17899/on_ed.2020.9.6. Stefano Oliverio y Bianca Thoilliez, «Post-critical pedagogy: a philosophical and epistemological identikit», *Journal of Philosophy of Education* 58, n°. 6 (2024): 1029-1045. Joris Vlieghe y Piotr Zamojski, *Towards an ontology of teaching: Thing-centred pedagogy, affirmation and love for the world* (Nueva York: Springer, 2019). Kai Wortmann, «Post-critical Pedagogy as Poetic Practice: Combining Affirmative and Critical Vocabularies», *Ethics and Education* 14, n°. 4 (2019): 467-481. Kai Wortmann, «Drawing Distinctions: What is Post-Critical Pedagogy?», *On Education. Journal for Research and Debate* 3, n°. 9 (2020): 10.17899/on_ed.2020.9.1.

7   Desarrolla esta idea en Bruno Latour, «Why Has Critique Run out of Steam? From Matters of Fact to Matters of Concern», *Critical Inquiry* 30, n°. 2 (2004): 225-248.

I. Practicar la esperanza

8   Gert Biesta, *Redescrubrir la enseñanza* (Madrid: Morata, 2022).

9   Biesta, *Redescubrir la enseñanza.*

10   Véase, David Reyero y Fernando Gil, «La educación que limita es la que libera», *Revista Española de Pedagogía* 77, n°. 273 (2019): 213-228.

11   Alasdair MacIntyre, *After Virtue: A Study in Moral Theory* (Notre Dame: University of Notre Dame Press, 1984).

12   Apertura que, en el campo del pensamiento educativo español, le debemos a Fernando Bárcena, *La práctica reflexiva en educación* (Madrid: Editorial Complutense, 1994).

13   Especialmente en el contexto del debate reciente sobre el estatus epistemológico de la Teoría de la Educación en España: Fernando Gil, «'Educación con teoría'. Revisión pedagógica de las relaciones entre la teoría y la práctica educativa», *Teoría de la Educación. Revista Interuniversitaria* 23, n°.1 (2012): 19-43. Conrad Vilanou y Xavier Laudo, «El pensamiento vitalista y sintético en la Pedagogía general en España» *Revista Española de Pedagogía* 71, n°. 255 (2013):

193-208. Bianca Thoilliez, «La Teoría de la Educación en España: diagnóstico, pronóstico y (posible) tratamiento» (Teresa Rabazas (coord.), *El conocimiento teórico de la educación en España. Evolución y consolidación* (Madrid: Síntesis, 2014)): 207-233. Fernando Gil y David Reyero, «Lo real, lo actual, lo empírico... y la esperanza en lo posible. Sobre regularidades y sentidos en educación», *Revista Española de Pedagogía* 73, nº. 262 (2015): 512-524. Julio Vera (coord.) *Formar para transformar. Cambio social y profesiones educativas* (Málaga: GEU, 2019). José M. Touriñán, «Relación teoría-práctica y actividad común como focos para resolver problemas de educación: la significación del conocimiento de la educación no ampara el modelo dual» *Revista de Investigación en Educación* 18, nº. 3 (2020): 210-257. Bianca Thoilliez, «La teoría de la educación española: 1 peligro, 2 reacciones, 1 propuesta» (Eduardo S. Vila, J. Eduardo Sierra y Víctor M. Martín (coords.) *Teoría de la Educación: Docencia e Investigación* (Málaga: GEU, 2020)): 19-34. Bianca Thoilliez y Carmen Fontaneda, «La educación y el conocimiento pedagógico. El sentido y el objeto de la Teoría de la Educación como campo de conocimiento», *Márgenes, Revista de Educación de la Universidad de Málaga* 6, nº. 1 (2025): 46-69.

14   Alasdair MacIntyre y Joseph Dunne, «Alasdair MacIntyre on Education: In Dialogue with Joseph Dunne», *Journal of Philosophy of Education* 36, nº. 1 (2002): 5.

15   MacIntyre y Dunne, «Alasdair MacIntyre on Education ...», 6.

16   MacIntyre y Dunne, «Alasdair MacIntyre on Education ...», 7.

17   Íd.

18   MacIntyre y Dunne, «Alasdair MacIntyre on Education ...», 8-9.

19   MacIntyre y Dunne, «Alasdair MacIntyre on Education ...», 9.

20   Como bien apunta Christopher Higgins, *The Good Life of Teaching: An Ethics of Professional Practice* (Londres: Wiley-Blackwell, 2010), 270, nota 4.

21   Me referiré a los siguientes artículos: David Carr, «Rival Conceptions of Practice in Education and Teaching», *Journal of Philosophy of Education* 37, nº. 2 (2003): 253-266. Joseph Dunne, «Arguing for Teaching as a Practice: a Reply to Alasdair MacIntyre», *Journal of Philosophy of Education* 37, nº. 2 (2003): 353-369. Christopher Higgins, «MacIntyre's Moral Theory and the Possibility of an Aretaic Ethics of Teaching», *Journal of Philosophy of Education* 37, nº. 2 (2003): 279-292. Paul Hogan, «Teaching and Learning as a Way of Life», *Journal of Philosophy of Education* 37, nº. 2 (2003)): 207-223. Katsushige Katayama, «Is the Virtue Approach to Moral Education Viable in a Plural Society?» *Journal of Philosophy of Education* 37, nº. 2 (2003): 325-338. David Kerdeman, «Pulled Up Short: Challenging Self-Understanding as a Focus of Teaching and Learning», *Journal of Philosophy of Education* 37, nº. 2 (2003): 293-308. Terence H. McLaughlin, «Teaching as a Practice and a Community of Practice: The Limits of Commonality and the Demands of Diversity», *Journal of Philosophy of Education* 37, nº. 2 (2003): 339-352. Nell Noddings, «Is Teaching a Practice?» *Journal of Philosophy of Education* 37, nº. 2 (2003): 241-251. Richard Smith, «Thinking with Each Other: the Peculiar Practice of the University», *Journal of Philosophy of Education* 37, nº. 2 (2003): 309-323.

22   Richard Sennett, *The Craftsman* (New Haven: Yale University Press, 2008).

23   Sennett, *The Craftsmann*, 9.

24   Sennett, *The Craftsmann*, 268.

25   Íd.

26   Que ha sido también retomada por Francisco Esteban en *Ética del profesorado* (Barcelona: Herder, 2018).

27   Que se encuentran explicadas con mayor detalle en: Paul Standish y Bianca Thoilliez, El pensamiento crítico en crisis. Una reconsideración pedagógica en tres movimientos, *Teoría de la Educación. Revista Interuniversitaria* 30, n°. 2 (2018): 7-22.

II. Herederos antes que constructores

28   Biesta, *Redescubrir la enseñanza.*

29   Sigo aquí los planteamientos de Christopher Higgins y Katherine K. Knight Abowitz, «What makes a public school public? A framework for evaluating the civic substance of schooling», *Educational Theory* 61, n°. 4 (2011): 365-380.

30   Esta idea es abordada en un tono conversacional en: Philippe Meirieu, «El futuro de la Pedagogía», *Teoría de la Educación. Revista Interuniversitaria* 34, n°. 1 (2022): 69-81.

31   Marie-Claude Blais, Marcel Gauchet y Dominique Ottavi, *Transmettre, apprendre* (París: Stock, 2014).

32   Blais, Gauchet y Ottavi, *Transmettre, apprendre*, 104.

33   Íd.

34   Blais, Gauchet y Ottavi, *Transmettre, apprendre*, 108.

35   Blais, Gauchet y Ottavi, *Transmettre, apprendre*, 109.

36   Blais, Gauchet y Ottavi, *Transmettre, apprendre*, 110.

37   Arendt, «The crisis in education».

38   Naomi Hodgson, Joris Vlieghe y Piotr Zamojski, *Manifesto for a Post-Critical Pedagogy* (Londres: Punctum Books 2017). Existe una versión traducida al español: Naomi Hodgson, Joris Vlieghe y Piotr Zamojski, «Manifiesto por una pedagogía post-crítica (traducción al español)», *Teoría De La Educación. Revista Interuniversitaria* 32, n°. 2 (2020): 7-11.

39   Joris Vlieghe y Piotr Zamojski, *Towards an ontology of teaching: Thing-centred pedagogy, affirmation and love for the world* (Nueva York: Springer, 2019), 11.

40   Fernando Bárcena, *Hannah Arendt: Una filosofía de la natalidad* (Barcelona: Herder, 2007).

41   François-Xavier Bellamy, *Les déshérités ou l'urgence de transmettre* (París: Plon, 2014). François-Xavier Bellamy, *Demeure. Pour échapper à l'ère du mouvement perpétuel* (París: Flammarion, 2020). Ambas excelentemente traducidas y editadas por la editorial Encuentro. François-Xavier Bellamy, *Los desheredados. Por qué es urgente transmitir la cultura* (Madrid: Encuentro, 2018). François-Xavier Bellamy, *Permanecer. Para escapar del tiempo del movimiento perpetuo* (Madrid: Encuentro, 2020).

42   Bellamy, *Les déshérités*, 160.

43   Íd.

44   Íd.

45   Bellamy, *Les déshérités*, 26.

46   Bellamy, *Les déshérités*, 31.

47   Bellamy, *Les déshérités*, 35.

48   Bellamy, *Les déshérités*, 37.

49   Bellamy, *Les déshérités*, 53.

50   Bellamy, *Les déshérités*, 56.

51   Bellamy, *Les déshérités*, 62.

52   Bellamy, *Les déshérités*, 71.

53   Bellamy, *Les déshérités*, 77.

54   Bellamy, *Les déshérités*, 80-81.

55   Massimo Recalcati, *La hora de clase* (Barcelona: Anagrama, 2016).

56   Recalcati, *La hora de clase*, 14.

57   Recalcati, *La hora de clase*, 19.

58   Recalcati, *La hora de clase*, 22.

59   Recalcati, *La hora de clase*, 43.

60   Recalcati, *La hora de clase*, 78.

61   Recalcati, *La hora de clase*, 122.

62   Recalcati, *La hora de clase*, 96.

63   Recalcati, *La hora de clase*, 98.

64   Bellamy, *Demeure*, 81.

65   Íd.

66   Biesta, *Redescubrir la enseñanza*, 100.

67   Mariano Narodowski, «Fantasmas de lo escolar. ¿A quién vas a llamar?», *Teoría de la Educación. Revista Interuniversitaria* 33, n°. 2 (2021): 49-63.

III. Preservar los bienes escolares

68   Daniel Bernabé, *La trampa de la diversidad. Cómo el neoliberalismo fragmentó la identidad de la clase trabajadora* (Madrid: Akal, 2018).

69   Edgar Cabanas y Eva Illouz, *Happycracia. Cómo la ciencia y la industria de la felicidad controlan nuestras vidas* (Barcelona: Paidós, 2019).

70   Cabanas e Illouz, *Happycracia*, 19-21.

71   Cabanas e Illouz, *Happycracia*, 71.

72   Cabanas e Illouz, *Happycracia*, 67.

73   Cabanas e Illouz, *Happycracia*, 74.

74   Cabanas e Illouz, *Happycracia*, 83.

75   Cabanas e Illouz, *Happycracia*, 114.

76 Íd.

77 Íd.

78 Bernabé, *La trampa de la diversidad*, 69.

79 Bernabé, *La trampa de la diversidad*, 88.

80 Bernabé, *La trampa de la diversidad*, 89.

81 Bernabé, *La trampa de la diversidad*, 98.

82 Bernabé, *La trampa de la diversidad*, 112.

83 Bernabé, *La trampa de la diversidad*, 122.

84 Bernabé, *La trampa de la diversidad*, 125.

85 Bernabé, *La trampa de la diversidad*, 131.

86 Bernabé, *La trampa de la diversidad*, 164.

IV. Variaciones frente a innovaciones

87 Diego S. Garrocho, «Carta a un joven postmoderno», *El Español* (15/01/2021).

88 Íd.

89 Íd.

90 Íd.

91 Íd.

92 Helmuth Rosa, *Alienación y aceleración: Hacia una teoría crítica de la temporalidad en la modernidad tardía* (Buenos Aires: Katz, 2016).

93 Gregorio Luri, *La imaginación conservadora* (Barcelona: Ariel, 2019).

94 Véase: Carlos Fernández Liria, Olga García Fernández y Enrique Galindo Ferrández, *Escuela o barbarie. Entre el neoliberalismo salvaje y el delirio de la izquierda* (Madrid: Akal, 2018). Ani Pérez Rueda, *Las falsas alternativas. Pedagogía libertaria y nueva educación* (Madrid: Virus, 2022). Ani Pérez Rueda, «La educación alternativa es una falsa alternativa», *Teoría de la Educación. Revista Interuniversitaria* 35, n°. 2 (2023): 21-35.

95 Ani Pérez Rueda «Auge y declive de los movimientos de renovación pedagógica. El caso del Movimiento Cooperativo de Escuela Popular» (Jesús Manso y Bianca Thoilliez (coords.) *El profesorado en España: Huellas de una historia de relaciones entro lo público y lo privado* (Madrid: Narcea, 2022)), 105-118.

96 María del Mar del Pozo Andrés, «La Escuela Nueva en España, crónica y semblanza de un mito» *Historia de la Educación. Revista Interuniversitaria* 22-23 (2003): 317-346.

97 David Harvey, «Neoliberalism as Creative Destruction», *The Annals of the American Academy of Political and Social Science* 610 (2017): 22-44.

98 Bellamy, *Demeure*.

99 Fabrice Hadjadj, *Dernières nouvelles de l'homme (et de la femme aussi)* (París: Tallandier, 2017). También disponible la edición en español: Fabrice Hadjadj, *Últimas noticias del hombre (y de la mujer)* (Madrid: Homo Legens, 2018).

100 Bellamy, *Demeure*, 16.

101 Bellamy, *Demeure*, 179.

102 Bellamy, *Demeure*, 247-248.

103 Bellamy, *Demeure*, 87.

104 Bellamy, *Demeure*, 120.

105 Íd.

106 Bellamy, *Demeure*, 217.

107 Hadjadj, *Derniéres nouvelles*, 7.

108 Hadjadj, *Derniéres nouvelles*, 9.

109 Hadjadj, *Derniéres nouvelles*, 98.

110 Hadjadj, *Derniéres nouvelles*, 25.

111 Hadjadj, *Derniéres nouvelles*, 269.

112 Hadjadj, *Derniéres nouvelles*, 270.

113 Hadjadj, *Derniéres nouvelles*, 271.

114 Hadjadj, *Derniéres nouvelles*, 272.

115 Esther Ferrer, *Todas las variaciones son válidas, incluida esta* (Madrid: Museo Nacional Centro de Arte Reina Sofía, 2017).

116 Paul Thom, *The Musician as Interpreter* (Filadelfia: The Pennsylvania State University Press, 2007), 26.

117 Michel Serres, *The Troubadour of Knowledge* (Chicago: University of Michigan Press, 1997), 149.

118 James Baldwin, *Roland Barthes: The Proust Variations* (Liverpool: Liverpool University Press, 2019), 85.

119 Baldwin, *Roland Bartres*, 86.

120 Íd.

121 Maxine Green, *Variations on a Blue Guitar: The Lincoln Center Institute Lectures on Aesthetic Education* (Nueva York: Teachers College Press, 2001), 7.

122 Íd.

123 Green, *Variations on a Blue Guitar*, 120.

124 Íd.

125 Íd.

126 Green, *Variations on a Blue Guitar*, 121.

V. Esperanza curricular

127 Ian Hodder, *Entangled: An archaeology of the relationships between humans and things* (Londres: Wiley-Blackwell, 2012).

128 Sobre el tema de la exposición del profesor cuando enseña, véase: Paul Standish, «La enseñanza como exposición: La educación en negación», *Revista de Educación* 373 (2016): 109-129.

129   Fernando Bárcena, «Una filosofía de la relación educativa: mediación existencial, transmisión y testimonio», *Teoría de la Educación. Revista Interuniversitaria* 37, nº. 2 (2025): 1-18.

130   Vlieghe y Zamojski, *Towards an ontology of teaching*.

131   Roger Scruton, *Culture Counts: Faith and Feeling in a World Besieged* (Londres: Encounter Books, 2017).

132   Antonio F. Canales, «Contra la ciudadanía. En defensa de la enseñanza de la Historia como disciplina», *Revista de Educación* 408 (2025): 1-40.

133   Ver a este respecto: Bianca Thoilliez, Francisco Esteban, y David Reyero, «Manifestaciones, prácticas y responsabilidades éticas, políticas y estéticas: del amor por las cosas» (Ángel García del Dujo (ed.), *Pedagogía de las cosas. Quiebras de la educación de hoy* (Madrid: Octaedro, 2022), 341-375). Bianca Thoilliez, Francisco Esteban y David Reyero, «Civic education through artifacts: memorials, museums, and libraries», *Ethics and Education* 18, nº. 3-4 (2023): 387-404.

134   Jan Masschelein y Maarten Simons, *En defensa de la escuela. Una cuestión pública* (Buenos Aires: Miño & Dávila, 2014). Maarten Simons y Jan Masschelein, *Looking after school: a critical analysis of personalisation in education* (Lovaina: E-ducation, Culture & Society Publishers, 2021). Jan Masschelein, «Con tiempo. Sobre las formas pedagógicas. Notas para una lección», *Teoría de la Educación. Revista Interuniversitaria* 36, nº. 1 (2024): 13-30.

135   Emma N. Tysklind y Ásgeir Tryggvason, «Politicised or political: On agonism and school as 'free time'», *Studies in Philosophy and Education* 44, nº. 3 (2025): 305-316.

136   Es absolutamente imposible hacer justicia a los esfuerzos de tantos en este sentido. En todo caso, ver al menos: Julio Ruiz Berrio, «Historia y museología de la educación. Despegue y reconversión de los museos pedagógicos» *Historia de la Educación* 25 (2006): 271-290. Teresa Rabazas y Sara Ramos, «Los museos pedagógicos universitarios como espacios de memoria y educación», *Historia de la Educación* 21, nº. 53 (2017): 100-119. Antonio Escolano, «La cultura material de la escuela y la educación patrimonial», *Educatio Siglo XXI* 28, nº. 2 (2010): 43-64. Frederik Herman, Sjaak Braster y María del Mar del Pozo Andrés, «A Public History of Education Manifesto: Looking back and forward» (Frederik Herman, Sjaak Braster y María del Mar del Pozo Andrés (eds.) *Exhibiting the Past. Public Histories of Education* (Berlín: De Gruyter Oldenbourg, 2022)), 14-37.